AFRIKAANS
VOCABOLARIO

PER STUDIO AUTODIDATTICO

ITALIANO- AFRIKAANS

Le parole più utili
Per ampliare il proprio lessico e affinare
le proprie abilità linguistiche

5000 parole

Vocabolario Italiano-Afrikaans per studio autodidattico - 5000 parole
Di Andrey Taranov

I vocabolari T&P Books si propongono come strumento di aiuto per apprendere, memorizzare e revisionare l'uso di termini stranieri. Il dizionario si divide in vari argomenti che includono la maggior parte delle attività quotidiane, tra cui affari, scienza, cultura, ecc.

Il processo di apprendimento delle parole attraverso i dizionari divisi in liste tematiche della collana T&P Books offre i seguenti vantaggi:

- Le fonti d'informazione correttamente raggruppate garantiscono un buon risultato nella memorizzazione delle parole
- La possibilità di memorizzare gruppi di parole con la stessa radice (piuttosto che memorizzarle separatamente)
- Piccoli gruppi di parole facilitano il processo di apprendimento per associazione, utile al potenziamento lessicale
- Il livello di conoscenza della lingua può essere valutato attraverso il numero di parole apprese

Copyright © 2018 T&P Books Publishing

Tutti i diritti riservati. Nessuna parte del presente volume può essere riprodotta o trasmessa in qualsiasi forma o con qualsiasi mezzo elettronico, meccanico, fotocopie, registrazioni o riproduzioni senza l'autorizzazione scritta dell'editore.

T&P Books Publishing
www.tpbooks.com

ISBN: 978-1-78716-513-7

Questo libro è disponibile anche in formato e-book.
Visitate il sito www.tpbooks.com o le principali librerie online.

VOCABOLARIO AFRIKAANS
per studio autodidattico

I vocabolari T&P Books si propongono come strumento di aiuto per apprendere, memorizzare e revisionare l'uso di termini stranieri. Il vocabolario contiene oltre 5000 parole di uso comune ordinate per argomenti.

- Il vocabolario contiene le parole più comunemente usate
- È consigliato in aggiunta ad un corso di lingua
- Risponde alle esigenze degli studenti di lingue straniere sia essi principianti o di livello avanzato
- Pratico per un uso quotidiano, per gli esercizi di revisione e di autovalutazione
- Consente di valutare la conoscenza del proprio lessico

Caratteristiche specifiche del vocabolario:

- Le parole sono ordinate secondo il proprio significato e non alfabeticamente
- Le parole sono riportate in tre colonne diverse per facilitare il metodo di revisione e autovalutazione
- I gruppi di parole sono divisi in sottogruppi per facilitare il processo di apprendimento
- Il vocabolario offre una pratica e semplice trascrizione fonetica per ogni termine straniero

Il vocabolario contiene 155 argomenti tra cui:

Concetti di Base, Numeri, Colori, Mesi, Stagioni, Unità di Misura, Abbigliamento e Accessori, Cibo e Alimentazione, Ristorante, Membri della Famiglia, Parenti, Personalità, Sentimenti, Emozioni, Malattie, Città, Visita Turistica, Acquisti, Denaro, Casa, Ufficio, Lavoro d'Ufficio, Import-export, Marketing, Ricerca di un Lavoro, Sport, Istruzione, Computer, Internet, Utensili, Natura, Paesi, Nazionalità e altro ancora ...

INDICE

Guida alla pronuncia 9
Abbreviazioni 10

CONCETTI DI BASE 11
Concetti di base. Parte 1 11

1. Pronomi 11
2. Saluti. Convenevoli. Saluti di congedo 11
3. Come rivolgersi 12
4. Numeri cardinali. Parte 1 12
5. Numeri cardinali. Parte 2 13
6. Numeri ordinali 14
7. Numeri. Frazioni 14
8. Numeri. Operazioni aritmetiche di base 14
9. Numeri. Varie 15
10. I verbi più importanti. Parte 1 15
11. I verbi più importanti. Parte 2 16
12. I verbi più importanti. Parte 3 17
13. I verbi più importanti. Parte 4 18
14. Colori 19
15. Domande 19
16. Preposizioni 20
17. Parole grammaticali. Avverbi. Parte 1 20
18. Parole grammaticali. Avverbi. Parte 2 22

Concetti di base. Parte 2 24

19. Giorni della settimana 24
20. Ore. Giorno e notte 24
21. Mesi. Stagioni 25
22. Unità di misura 26
23. Contenitori 27

ESSERE UMANO 29
Essere umano. Il corpo umano 29

24. Testa 29
25. Corpo umano 30

Abbigliamento e Accessori 31

26. Indumenti. Soprabiti 31
27. Men's & women's clothing 31

28. Abbigliamento. Biancheria intima	32
29. Copricapo	32
30. Calzature	32
31. Accessori personali	33
32. Abbigliamento. Varie	33
33. Cura della persona. Cosmetici	34
34. Orologi da polso. Orologio	35

Cibo. Alimentazione   36

35. Cibo	36
36. Bevande	37
37. Verdure	38
38. Frutta. Noci	39
39. Pane. Dolci	40
40. Pietanze cucinate	40
41. Spezie	41
42. Pasti	42
43. Preparazione della tavola	43
44. Ristorante	43

Famiglia, parenti e amici   44

45. Informazioni personali. Moduli	44
46. Membri della famiglia. Parenti	44

Medicinali   46

47. Malattie	46
48. Sintomi. Cure. Parte 1	47
49. Sintomi. Cure. Parte 2	48
50. Sintomi. Cure. Parte 3	49
51. Medici	50
52. Medicinali. Farmaci. Accessori	50

HABITAT UMANO   51
Città   51

53. Città. Vita di città	51
54. Servizi cittadini	52
55. Cartelli	53
56. Mezzi pubblici in città	54
57. Visita turistica	55
58. Acquisti	56
59. Denaro	57
60. Posta. Servizio postale	58

Abitazione. Casa   59

61. Casa. Elettricità	59

62. Villa. Palazzo	59
63. Appartamento	59
64. Arredamento. Interno	60
65. Biancheria da letto	61
66. Cucina	61
67. Bagno	62
68. Elettrodomestici	63

ATTIVITÀ UMANA

Lavoro. Affari. Parte 1 — 64

69. Ufficio. Lavorare in ufficio	64
70. Operazioni d'affari. Parte 1	65
71. Operazioni d'affari. Parte 2	66
72. Attività produttiva. Lavori	67
73. Contratto. Accordo	68
74. Import-export	69
75. Mezzi finanziari	69
76. Marketing	70
77. Pubblicità	71
78. Attività bancaria	71
79. Telefono. Conversazione telefonica	72
80. Telefono cellulare	72
81. Articoli di cancelleria	73
82. Generi di attività commerciali	73

Lavoro. Affari. Parte 2 — 76

83. Spettacolo. Mostra	76
84. Scienza. Ricerca. Scienziati	77

Professioni e occupazioni — 79

85. Ricerca di un lavoro. Licenziamento	79
86. Gente d'affari	79
87. Professioni amministrative	80
88. Professioni militari e gradi	81
89. Funzionari. Sacerdoti	82
90. Professioni agricole	82
91. Professioni artistiche	83
92. Professioni varie	83
93. Attività lavorative. Condizione sociale	85

Istruzione — 86

94. Scuola	86
95. Istituto superiore. Università	87
96. Scienze. Discipline	88
97. Sistema di scrittura. Ortografia	88
98. Lingue straniere	89

Ristorante. Intrattenimento. Viaggi 91

99. Escursione. Viaggio 91
100. Hotel 91

ATTREZZATURA TECNICA. MEZZI DI TRASPORTO 93
Attrezzatura tecnica 93

101. Computer 93
102. Internet. Posta elettronica 94
103. Elettricità 95
104. Utensili 95

Mezzi di trasporto 98

105. Aeroplano 98
106. Treno 99
107. Nave 100
108. Aeroporto 101

Situazioni quotidiane 103

109. Vacanze. Evento 103
110. Funerali. Sepoltura 104
111. Guerra. Soldati 104
112. Guerra. Azioni militari. Parte 1 105
113. Guerra. Azioni militari. Parte 2 107
114. Armi 108
115. Gli antichi 110
116. Il Medio Evo 110
117. Leader. Capo. Le autorità 112
118. Infrangere la legge. Criminali. Parte 1 113
119. Infrangere la legge. Criminali. Parte 2 114
120. Polizia. Legge. Parte 1 115
121. Polizia. Legge. Parte 2 116

LA NATURA 118
La Terra. Parte 1 118

122. L'Universo 118
123. La Terra 119
124. Punti cardinali 120
125. Mare. Oceano 120
126. Nomi dei mari e degli oceani 121
127. Montagne 122
128. Nomi delle montagne 123
129. Fiumi 123
130. Nomi dei fiumi 124
131. Foresta 124
132. Risorse naturali 125

La Terra. Parte 2 127

133. Tempo 127
134. Rigide condizioni metereologiche. Disastri naturali 128

Fauna 129

135. Mammiferi. Predatori 129
136. Animali selvatici 129
137. Animali domestici 130
138. Uccelli 131
139. Pesci. Animali marini 133
140. Anfibi. Rettili 133
141. Insetti 134

Flora 135

142. Alberi 135
143. Arbusti 135
144. Frutti. Bacche 136
145. Fiori. Piante 137
146. Cereali, granaglie 138

PAESI. NAZIONALITÀ 139

147. Europa occidentale 139
148. Europa centrale e orientale 139
149. Paesi dell'ex Unione Sovietica 140
150. Asia 140
151. America del Nord 141
152. America centrale e America del Sud 141
153. Africa 142
154. Australia. Oceania 142
155. Città 142

GUIDA ALLA PRONUNCIA

Alfabeto fonetico T&P	Esempio afrikaans	Esempio italiano
[a]	land	macchia
[ā]	straat	scusare
[æ]	hout	spremifrutta
[o], [ɔ]	Australië	notte
[e]	metaal	meno, leggere
[ɛ]	aanlê	centro
[ə]	filter	soldato (dialetto foggiano)
[ɪ]	uur	tattica
[i]	billik	vittoria
[ī]	naïef	scacchi
[o]	koppie	notte
[ø]	akteur	oblò
[œ]	fluit	tedesco - Hölle
[u]	hulle	prugno
[ʊ]	hout	prugno
[b]	bakker	bianco
[d]	donder	doccia
[f]	navraag	ferrovia
[g]	burger	guerriero
[h]	driehoek	[h] aspirate
[j]	byvoeg	New York
[k]	kamera	cometa
[l]	loon	saluto
[m]	môre	mostra
[n]	neef	novanta
[p]	pyp	pieno
[r]	rigting	ritmo, raro
[s]	oplos	sapere
[t]	lood, tenk	tattica
[v]	bewaar	volare
[w]	oorwinnaar	week-end
[z]	zoem	rosa
[dʒ]	enjin	piangere
[ʃ]	artisjok	ruscello
[ŋ]	kans	fango
[tʃ]	tjek	cinque
[ʒ]	beige	beige
[x]	agent	[h] dolce

ABBREVIAZIONI
usate nel vocabolario

Italiano. Abbreviazioni

agg	-	aggettivo
anim.	-	animato
avv	-	avverbio
cong	-	congiunzione
ecc.	-	eccetera
f	-	sostantivo femminile
f pl	-	femminile plurale
fem.	-	femminile
form.	-	formale
inanim.	-	inanimato
inform.	-	familiare
m	-	sostantivo maschile
m pl	-	maschile plurale
m, f	-	maschile, femminile
masc.	-	maschile
mil.	-	militare
pl	-	plurale
pron	-	pronome
qc	-	qualcosa
qn	-	qualcuno
sing.	-	singolare
v aus	-	verbo ausiliare
vi	-	verbo intransitivo
vi, vt	-	verbo intransitivo, transitivo
vr	-	verbo riflessivo
vt	-	verbo transitivo

CONCETTI DI BASE

Concetti di base. Parte 1

1. Pronomi

io	ek, my	[ɛk], [maj]
tu	jy	[jaj]
lui	hy	[haj]
lei	sy	[saj]
esso	dit	[dit]
noi	ons	[ɔŋs]
voi	julle	[jullə]
Lei	u	[u]
Voi	u	[u]
loro	hulle	[hullə]
loro (masc.)	hulle	[hullə]
loro (fem.)	hulle	[hullə]

2. Saluti. Convenevoli. Saluti di congedo

Salve!	Hallo!	[hallo!]
Buongiorno!	Hallo!	[hallo!]
Buongiorno! (la mattina)	Goeie môre!	[χuje mɔrə!]
Buon pomeriggio!	Goeiemiddag!	[χuje·middaχ!]
Buonasera!	Goeienaand!	[χuje·nānt!]
salutare (vt)	dagsê	[daχsɛː]
Ciao! Salve!	Hallo!	[hallo!]
saluto (m)	groet	[χrut]
salutare (vt)	groet	[χrut]
Come sta?	Hoe gaan dit?	[hu χān dit?]
Come stai?	Hoe gaan dit?	[hu χān dit?]
Che c'è di nuovo?	Hoe gaan dit?	[hu χān dit?]
Arrivederci!	Totsiens!	[totsiŋs!]
Ciao!	Koebaai!	[kubāi!]
A presto!	Totsiens!	[totsiŋs!]
Addio! (inform.)	Mooi loop!	[moj loəp!]
Addio! (form.)	Vaarwel!	[fārwel!]
congedarsi (vr)	afskeid neem	[afskæjt neəm]
Ciao! (A presto!)	Koebaai!	[kubāi!]
Grazie!	Dankie!	[danki!]
Grazie mille!	Baie dankie!	[baje danki!]

Prego	Plesier	[plesir]
Non c'è di che!	Plesier!	[plesir!]
Di niente	Plesier	[plesir]

Scusa!	Ekskuus!	[ɛkskɪs!]
Scusi!	Verskoon my!	[ferskoən maj!]
scusare (vt)	verskoon	[ferskoən]

scusarsi (vr)	verskoning vra	[ferskoniŋ fra]
Chiedo scusa	Verskoning	[ferskoniŋ]
Mi perdoni!	Ek is jammer!	[ɛk is jammər!]
perdonare (vt)	vergewe	[ferχevə]
Non fa niente	Maak nie saak nie!	[māk ni sāk ni!]
per favore	asseblief	[asseblif]

Non dimentichi!	Vergeet dit nie!	[ferχeət dit ni!]
Certamente!	Beslis!	[beslis!]
Certamente no!	Natuurlik nie!	[natɪrlik ni!]
D'accordo!	OK!	[okej!]
Basta!	Dis genoeg!	[dis χenuχ!]

3. Come rivolgersi

Mi scusi!	Verskoon my, ...	[ferskoən maj, ...]
signore	meneer	[meneər]
signora	mevrou	[mefræʊ]
signorina	juffrou	[juffræʊ]
signore	jongman	[joŋman]
ragazzo	boet	[but]
ragazza	sussie	[sussi]

4. Numeri cardinali. Parte 1

zero (m)	nul	[nul]
uno	een	[eən]
due	twee	[tweə]
tre	drie	[dri]
quattro	vier	[fir]

cinque	vyf	[fajf]
sei	ses	[ses]
sette	sewe	[sevə]
otto	ag	[aχ]
nove	nege	[neχə]

dieci	tien	[tin]
undici	elf	[ɛlf]
dodici	twaalf	[twālf]
tredici	dertien	[dertin]
quattordici	veertien	[feərtin]
quindici	vyftien	[fajftin]
sedici	sestien	[sestin]

diciassette	sewetien	[sevətin]
diciotto	agtien	[aχtin]
diciannove	negetien	[neχetin]
venti	twintig	[twintəχ]
ventuno	een-en-twintig	[eən-en-twintəχ]
ventidue	twee-en-twintig	[tweə-en-twintəχ]
ventitre	drie-en-twintig	[dri-en-twintəχ]
trenta	dertig	[dertəχ]
trentuno	een-en-dertig	[eən-en-dertəχ]
trentadue	twee-en-dertig	[tweə-en-dertəχ]
trentatre	drie-en-dertig	[dri-en-dertəχ]
quaranta	veertig	[feərtəχ]
quarantuno	een-en-veertig	[eən-en-feərtəχ]
quarantadue	twee-en-veertig	[tweə-en-feərtəχ]
quarantatre	vier-en-veertig	[fir-en-feərtəχ]
cinquanta	vyftig	[fajftəχ]
cinquantuno	een-en-vyftig	[eən-en-fajftəχ]
cinquantadue	twee-en-vyftig	[tweə-en-fajftəχ]
cinquantatre	drie-en-vyftig	[dri-en-fajftəχ]
sessanta	sestig	[sestəχ]
sessantuno	een-en-sestig	[eən-en-sestəχ]
sessantadue	twee-en-sestig	[tweə-en-sestəχ]
sessantatre	drie-en-sestig	[dri-en-sestəχ]
settanta	sewentig	[seventəχ]
settantuno	een-en-sewentig	[eən-en-seventəχ]
settantadue	twee-en-sewentig	[tweə-en-seventəχ]
settantatre	drie-en-sewentig	[dri-en-seventəχ]
ottanta	tagtig	[taχtəχ]
ottantuno	een-en-tagtig	[eən-en-taχtəχ]
ottantadue	twee-en-tagtig	[tweə-en-taχtəχ]
ottantatre	drie-en-tagtig	[dri-en-taχtəχ]
novanta	negentig	[neχentəχ]
novantuno	een-en-negentig	[eən-en-neχentəχ]
novantadue	twee-en-negentig	[tweə-en-neχentəχ]
novantatre	drie-en-negentig	[dri-en-neχentəχ]

5. Numeri cardinali. Parte 2

cento	honderd	[hondərt]
duecento	tweehonderd	[tweə·hondərt]
trecento	driehonderd	[dri·hondərt]
quattrocento	vierhonderd	[fir·hondərt]
cinquecento	vyfhonderd	[fajf·hondərt]
seicento	seshonderd	[ses·hondərt]
settecento	sewehonderd	[sevə·hondərt]

ottocento	aghonderd	[aχ·hondərt]
novecento	negehonderd	[neχə·hondərt]

mille	duisend	[dœisent]
duemila	tweeduisend	[twee·dœisent]
tremila	drieduisend	[dri·dœisent]
diecimila	tienduisend	[tin·dœisent]
centomila	honderdduisend	[hondərt·dajsent]
milione (m)	miljoen	[miljun]
miliardo (m)	miljard	[miljart]

6. Numeri ordinali

primo	eerste	[eərstə]
secondo	tweede	[tweedə]
terzo	derde	[derdə]
quarto	vierde	[firdə]
quinto	vyfde	[fajfdə]

sesto	sesde	[sesdə]
settimo	sewende	[sevendə]
ottavo	agste	[aχstə]
nono	negende	[neχendə]
decimo	tiende	[tində]

7. Numeri. Frazioni

frazione (f)	breuk	[brøək]
un mezzo	helfte	[hɛlftə]
un terzo	derde	[derdə]
un quarto	kwart	[kwart]

un ottavo	agste	[aχstə]
un decimo	tiende	[tində]
due terzi	twee derde	[twee derdə]
tre quarti	driekwart	[drikwart]

8. Numeri. Operazioni aritmetiche di base

sottrazione (f)	aftrekking	[aftrɛkkiŋ]
sottrarre (vt)	aftrek	[aftrek]

divisione (f)	deling	[deliŋ]
dividere (vt)	deel	[deəl]

addizione (f)	optelling	[optɛlliŋ]
addizionare (vt)	optel	[optəl]
aggiungere (vt)	optel	[optəl]
moltiplicazione (f)	vermenigvuldiging	[fermeniχ·fuldəχiŋ]
moltiplicare (vt)	vermenigvuldig	[fermeniχ·fuldəχ]

9. Numeri. Varie

cifra (f)	syfer	[sajfər]
numero (m)	nommer	[nommər]
numerale (m)	telwoord	[tɛlwoərt]
meno (m)	minusteken	[minus·tekən]
più (m)	plusteken	[plus·tekən]
formula (f)	formule	[formulə]
calcolo (m)	berekening	[berekeniŋ]
contare (vt)	tel	[təl]
calcolare (vt)	optel	[optəl]
comparare (vt)	vergelyk	[ferχəlajk]
Quanto? Quanti?	Hoeveel?	[hufeəl?]
somma (f)	som, totaal	[som], [totãl]
risultato (m)	resultaat	[resultãt]
resto (m)	oorskot	[oərskot]
un po' di ...	min	[min]
alcuni, pochi (non molti)	min	[min]
resto (m)	die res	[di res]
dozzina (f)	dosyn	[dosajn]
in due	middeldeur	[middəldøər]
in parti uguali	gelyk	[χelajk]
metà (f), mezzo (m)	helfte	[hɛlftə]
volta (f)	maal	[mãl]

10. I verbi più importanti. Parte 1

accorgersi (vr)	raaksien	[rãksin]
afferrare (vt)	vang	[faŋ]
affittare (dare in affitto)	huur	[hɪr]
aiutare (vt)	help	[hɛlp]
amare (qn)	liefhê	[lifhɛ:]
andare (camminare)	gaan	[χãn]
annotare (vt)	opskryf	[opskrajf]
appartenere (vi)	behoort aan ...	[behoərt ãn ...]
aprire (vt)	oopmaak	[oəpmãk]
arrivare (vi)	aankom	[ãnkom]
aspettare (vt)	wag	[vaχ]
avere (vt)	hê	[hɛ:]
avere fame	honger wees	[hoŋər veəs]
avere fretta	opskud	[opskut]
avere paura	bang wees	[baŋ veəs]
avere sete	dors wees	[dors veəs]
avvertire (vt)	waarsku	[vãrsku]
cacciare (vt)	jag	[jaχ]
cadere (vi)	val	[fal]

cambiare (vt)	verander	[ferandər]
capire (vt)	verstaan	[ferstãn]
cenare (vi)	aandete gebruik	[ãndetə χebrœik]
cercare (vt)	soek ...	[suk ...]
cessare (vt)	ophou	[ophæʊ]
chiedere (~ aiuto)	roep	[rup]
chiedere (domandare)	vra	[fra]
cominciare (vt)	begin	[beχin]
comparare (vt)	vergelyk	[ferχəlajk]
confondere (vt)	verwar	[ferwar]
conoscere (qn)	ken	[ken]
conservare (vt)	bewaar	[bevãr]
consigliare (vt)	aanraai	[ãnrãi]
contare (calcolare)	tel	[təl]
contare su ...	reken op ...	[reken op ...]
continuare (vt)	aangaan	[ãnχãn]
controllare (vt)	kontroleer	[kontroleər]
correre (vi)	hardloop	[hardloəp]
costare (vt)	kos	[kos]
creare (vt)	skep	[skep]
cucinare (vi)	kook	[koək]

11. I verbi più importanti. Parte 2

dare (vt)	gee	[χeə]
decorare (adornare)	versier	[fersir]
difendere (~ un paese)	verdedig	[ferdedəχ]
dimenticare (vt)	vergeet	[ferχeət]
dire (~ la verità)	sê	[sɛː]
dirigere (compagnia, ecc.)	beheer	[beheər]
discutere (vt)	bespreek	[bespreək]
domandare (vt)	vra	[fra]
dubitare (vi)	twyfel	[twajfəl]
entrare (vi)	binnegaan	[binnəχãn]
esigere (vt)	eis	[æjs]
esistere (vi)	bestaan	[bestãn]
essere (vi)	wees	[veəs]
essere d'accordo	saamstem	[sãmstem]
fare (vt)	doen	[dun]
fare colazione	ontbyt	[ontbajt]
fare il bagno	gaan swem	[χãn swem]
fermarsi (vr)	stilhou	[stilhæʊ]
fidarsi (vr)	vertrou	[fertræʊ]
finire (vt)	klaarmaak	[klãrmãk]
firmare (~ un documento)	teken	[tekən]
giocare (vi)	speel	[speəl]
girare (~ a destra)	draai	[drãi]

gridare (vi)	skreeu	[skriʋ]
indovinare (vt)	raai	[rãi]
informare (vt)	in kennis stel	[in kɛnnis stəl]

ingannare (vt)	bedrieg	[bedrəχ]
insistere (vi)	aandring	[ãndriŋ]
insultare (vt)	beledig	[beledəχ]
interessarsi di ...	belangstel in ...	[belaŋstəl in ...]
invitare (vt)	uitnooi	[œitnoj]

lamentarsi (vr)	kla	[kla]
lasciar cadere	laat val	[lãt fal]
lavorare (vi)	werk	[verk]
leggere (vi, vt)	lees	[leəs]
liberare (vt)	bevry	[befraj]

12. I verbi più importanti. Parte 3

mancare le lezioni	bank	[bank]
mandare (vt)	stuur	[stɪr]
menzionare (vt)	verwys na	[ferwajs na]
minacciare (vt)	dreig	[dræjχ]
mostrare (vt)	wys	[vajs]

nascondere (vt)	wegsteek	[veχsteək]
nuotare (vi)	swem	[swem]
obiettare (vt)	beswaar maak	[beswãr mãk]
occorrere (vimp)	nodig wees	[nodəχ veəs]
ordinare (~ il pranzo)	bestel	[bestəl]

ordinare (mil.)	beveel	[befeəl]
osservare (vt)	waarneem	[vãrneəm]
pagare (vi, vt)	betaal	[betãl]
parlare (vi, vt)	praat	[prãt]
partecipare (vi)	deelneem	[deəlneəm]

pensare (vi, vt)	dink	[dink]
perdonare (vt)	vergewe	[ferχevə]
permettere (vt)	toestaan	[tustãn]
piacere (vi)	hou van	[hæʋ fan]
piangere (vi)	huil	[hœil]

pianificare (vt)	beplan	[beplan]
possedere (vt)	besit	[besit]
potere (v aus)	kan	[kan]
pranzare (vi)	gaan eet	[χãn eət]
preferire (vt)	verkies	[ferkis]

pregare (vi, vt)	bid	[bit]
prendere (vt)	vat	[fat]
prevedere (vt)	voorsien	[foərsin]
promettere (vt)	beloof	[beloəf]
pronunciare (vt)	uitspreek	[œitspreək]
proporre (vt)	voorstel	[foərstəl]

punire (vt)	straf	[straf]
raccomandare (vt)	aanbeveel	[ānbefeəl]
ridere (vi)	lag	[laχ]
rifiutarsi (vr)	weier	[væjer]

rincrescere (vi)	jammer wees	[jammər veəs]
ripetere (ridire)	herhaal	[herhāl]
riservare (vt)	bespreek	[bespreək]
rispondere (vi, vt)	antwoord	[antwoərt]
rompere (spaccare)	breek	[breək]
rubare (~ i soldi)	steel	[steəl]

13. I verbi più importanti. Parte 4

salvare (~ la vita a qn)	red	[ret]
sapere (vt)	weet	[veət]
scavare (vt)	grawe	[χravə]
scegliere (vt)	kies	[kis]

scendere (vi)	afkom	[afkom]
scherzare (vi)	grappies maak	[χrappis māk]
scrivere (vt)	skryf	[skrajf]
scusare (vt)	verskoon	[ferskoən]
scusarsi (vr)	verskoning vra	[ferskoniŋ fra]

sedersi (vr)	gaan sit	[χān sit]
seguire (vt)	volg ...	[folχ ...]
sgridare (vt)	uitvaar teen	[œitfār teən]
significare (vt)	beteken	[betekən]
sorridere (vi)	glimlag	[χlimlaχ]

sottovalutare (vt)	onderskat	[ondərskat]
sparare (vi)	skiet	[skit]
sperare (vi, vt)	hoop	[hoəp]
spiegare (vt)	verduidelik	[ferdœidəlik]
studiare (vt)	studeer	[studeər]

stupirsi (vr)	verbaas wees	[ferbās veəs]
tacere (vi)	stilbly	[stilblaj]
tentare (vt)	probeer	[probeər]
toccare (~ con le mani)	aanraak	[ānrāk]
tradurre (vt)	vertaal	[fertāl]

trovare (vt)	vind	[fint]
uccidere (vt)	doodmaak	[doədmāk]
udire (percepire suoni)	hoor	[hoər]
unire (vt)	verenig	[ferenəχ]
uscire (vi)	uitgaan	[œitχān]

vantarsi (vr)	spog	[spoχ]
vedere (vt)	sien	[sin]
vendere (vt)	verkoop	[ferkoəp]
volare (vi)	vlieg	[fliχ]
volere (desiderare)	wil	[vil]

14. Colori

Italiano	Afrikaans	Pronuncia
colore (m)	kleur	[kløər]
sfumatura (f)	skakering	[skakeriŋ]
tono (m)	tint	[tint]
arcobaleno (m)	reënboog	[rɛɛn·boəχ]
bianco (agg)	wit	[vit]
nero (agg)	swart	[swart]
grigio (agg)	grys	[χrajs]
verde (agg)	groen	[χrun]
giallo (agg)	geel	[χeəl]
rosso (agg)	rooi	[roj]
blu (agg)	blou	[blæʊ]
azzurro (agg)	ligblou	[liχ·blæʊ]
rosa (agg)	pienk	[pink]
arancione (agg)	oranje	[oranje]
violetto (agg)	pers	[pers]
marrone (agg)	bruin	[brœin]
d'oro (agg)	goue	[χæʊə]
argenteo (agg)	silweragtig	[silweraχtəχ]
beige (agg)	beige	[bɛːiʒ]
color crema (agg)	roomkleurig	[roəm·kløərəχ]
turchese (agg)	turkoois	[turkojs]
rosso ciliegia (agg)	kersierooi	[kersi·roj]
lilla (agg)	lila	[lila]
rosso lampone (agg)	karmosyn	[karmosajn]
chiaro (agg)	lig	[liχ]
scuro (agg)	donker	[donkər]
vivo, vivido (agg)	helder	[hɛldər]
colorato (agg)	kleurig	[kløərəχ]
a colori	kleur	[kløər]
bianco e nero (agg)	swart-wit	[swart-wit]
in tinta unita	effe	[ɛffə]
multicolore (agg)	veelkleurig	[feəlkløərəχ]

15. Domande

Italiano	Afrikaans	Pronuncia
Chi?	Wie?	[vi?]
Che cosa?	Wat?	[vat?]
Dove? (in che luogo?)	Waar?	[vār?]
Dove? (~ vai?)	Waarheen?	[vārheən?]
Di dove?, Da dove?	Waarvandaan?	[vārfandān?]
Quando?	Wanneer?	[vanneər?]
Perché? (per quale scopo?)	Hoekom?	[hukom?]
Perché? (per quale ragione?)	Hoekom?	[hukom?]
Per che cosa?	Vir wat?	[fir vat?]

Come?	Hoe?	[hu?]
Che? (~ colore è?)	Watter?	[vattər?]
Quale?	Watter een?	[vattər eən?]

A chi?	Vir wie?	[fir vi?]
Di chi?	Oor wie?	[oər vi?]
Di che cosa?	Oor wat?	[oər vat?]
Con chi?	Met wie?	[met vi?]
Quanti?, Quanto?	Hoeveel?	[hufeəl?]

16. Preposizioni

con (tè ~ il latte)	met	[met]
senza	sonder	[sondər]
a (andare ~ ...)	na	[na]
di (parlare ~ ...)	oor	[oər]
prima di ...	voor	[foər]
di fronte a ...	voor ...	[foər ...]

sotto (avv)	onder	[ondər]
sopra (al di ~)	oor	[oər]
su (sul tavolo, ecc.)	op	[op]
da, di (via da ..., fuori di ...)	uit	[œit]
di (fatto ~ cartone)	van	[fan]

| fra (~ dieci minuti) | oor | [oər] |
| attraverso (dall'altra parte) | oor | [oər] |

17. Parole grammaticali. Avverbi. Parte 1

Dove?	Waar?	[vãr?]
qui (in questo luogo)	hier	[hir]
lì (in quel luogo)	daar	[dãr]

| da qualche parte (essere ~) | êrens | [ærɛŋs] |
| da nessuna parte | nêrens | [nærɛŋs] |

| vicino a ... | by | [baj] |
| vicino alla finestra | by | [baj] |

Dove?	Waarheen?	[vãrheən?]
qui (vieni ~)	hier	[hir]
ci (~ vado stasera)	soontoe	[soentu]
da qui	hiervandaan	[hirfandãn]
da lì	daarvandaan	[dãrfandãn]

| vicino, accanto (avv) | naby | [nabaj] |
| lontano (avv) | ver | [fer] |

vicino (~ a Parigi)	naby	[nabaj]
vicino (qui ~)	naby	[nabaj]
non lontano	nie ver nie	[ni fər ni]

Italiano	Afrikaans	Pronuncia
sinistro (agg)	linker-	[lınkər-]
a sinistra (rimanere ~)	op linkerhand	[op lınkərhant]
a sinistra (girare ~)	na links	[na lınks]
destro (agg)	regter	[rɛχtər]
a destra (rimanere ~)	op regterhand	[op rɛχtərhant]
a destra (girare ~)	na regs	[na rɛχs]
davanti	voor	[foər]
anteriore (agg)	voorste	[foərstə]
avanti	vooruit	[foərœit]
dietro (avv)	agter	[aχtər]
da dietro	van agter	[fan aχtər]
indietro	agtertoe	[aχtərtu]
mezzo (m), centro (m)	middel	[mıddəl]
in mezzo, al centro	in die middel	[in di mıddəl]
di fianco	op die sykant	[op di sajkant]
dappertutto	orals	[orals]
attorno	orals rond	[orals ront]
da dentro	van binne	[fan bınnə]
da qualche parte (andare ~)	êrens	[ærɛŋs]
dritto (direttamente)	reguit	[rɛχœit]
indietro	terug	[terυχ]
da qualsiasi parte	êrens vandaan	[ærɛŋs fandān]
da qualche posto (veniamo ~)	êrens vandaan	[ærɛŋs fandān]
in primo luogo	in die eerste plek	[in di eərstə plek]
in secondo luogo	in die tweede plek	[in di tweədə plek]
in terzo luogo	in die derde plek	[in di derdə plek]
all'improvviso	skielik	[skilik]
all'inizio	aan die begin	[ān di beχin]
per la prima volta	vir die eerste keer	[fir di eərstə keər]
molto tempo prima di...	lank voordat ...	[lank foərdat ...]
di nuovo	opnuut	[opnɪt]
per sempre	vir goed	[fir χut]
mai	nooit	[nojt]
ancora	weer	[veər]
adesso	nou	[næʊ]
spesso (avv)	dikwels	[dikwɛls]
allora	toe	[tu]
urgentemente	dringend	[drıŋən]
di solito	gewoonlik	[χevoənlik]
a proposito, ...	terloops, ...	[terloəps], [...]
è possibile	moontlik	[moentlik]
probabilmente	waarskynlik	[vārskajnlik]
forse	dalk	[dalk]
inoltre ...	trouens ...	[træʊɛŋs ...]

ecco perché ...	dis hoekom ...	[dis hukom ...]
nonostante (~ tutto)	ondanks ...	[ondanks ...]
grazie a ...	danksy ...	[danksaj ...]
che cosa (pron)	wat	[vat]
che (cong)	dat	[dat]
qualcosa (qualsiasi cosa)	iets	[its]
qualcosa (le serve ~?)	iets	[its]
niente	niks	[niks]
chi (pron)	wie	[vi]
qualcuno (annuire a ~)	iemand	[imant]
qualcuno (dipendere da ~)	iemand	[imant]
nessuno	niemand	[nimant]
da nessuna parte	nêrens	[nærɛŋs]
di nessuno	niemand se	[nimant sə]
di qualcuno	iemand se	[imant sə]
così (era ~ arrabbiato)	so	[so]
anche (penso ~ a ...)	ook	[oək]
anche, pure	ook	[oək]

18. Parole grammaticali. Avverbi. Parte 2

Perché?	Waarom?	[vãrom?]
perché ...	omdat ...	[omdat ...]
e (cong)	en	[ɛn]
o (sì ~ no?)	of	[of]
ma (però)	maar	[mãr]
per (~ me)	vir	[fir]
troppo	te	[te]
solo (avv)	net	[net]
esattamente	presies	[presis]
circa (~ 10 dollari)	ongeveer	[onχəfeər]
approssimativamente	ongeveer	[onχəfeər]
approssimativo (agg)	geraamde	[χerãmdə]
quasi	amper	[ampər]
resto	die res	[di res]
l'altro (~ libro)	die ander	[di andər]
altro (differente)	ander	[andər]
ogni (agg)	elke	[ɛlkə]
qualsiasi (agg)	enige	[ɛniχə]
molti, molto	baie	[baje]
molta gente	baie mense	[baje mɛŋsə]
tutto, tutti	almal	[almal]
in cambio di ...	in ruil vir ...	[in rœil fir ...]
in cambio	as vergoeding	[as ferχudiŋ]
a mano (fatto ~)	met die hand	[met di hant]

poco probabile	**skaars**	[skārs]
probabilmente	**waarskynlik**	[vārskajnlik]
apposta	**opsetlik**	[opsetlik]
per caso	**toevallig**	[tufallǝx]
molto (avv)	**baie**	[baje]
per esempio	**byvoorbeeld**	[bajfoǝrbeǝlt]
fra (~ due)	**tussen**	[tussǝn]
fra (~ più di due)	**tussen**	[tussǝn]
tanto (quantità)	**so baie**	[so baje]
soprattutto	**veral**	[feral]

Concetti di base. Parte 2

19. Giorni della settimana

lunedì (m)	Maandag	[māndaχ]
martedì (m)	Dinsdag	[dinsdaχ]
mercoledì (m)	Woensdag	[voɛŋsdaχ]
giovedì (m)	Donderdag	[dondərdaχ]
venerdì (m)	Vrydag	[frajdaχ]
sabato (m)	Saterdag	[satərdaχ]
domenica (f)	Sondag	[sondaχ]
oggi (avv)	vandag	[fandaχ]
domani	môre	[mɔrə]
dopodomani	oormôre	[oermɔrə]
ieri (avv)	gister	[χistər]
l'altro ieri	eergister	[eerχistər]
giorno (m)	dag	[daχ]
giorno (m) lavorativo	werksdag	[verks·daχ]
giorno (m) festivo	openbare vakansiedag	[openbarə fakaŋsi·daχ]
giorno (m) di riposo	verlofdag	[ferlofdaχ]
fine (m) settimana	naweek	[naveək]
tutto il giorno	die hele dag	[di helə daχ]
l'indomani	die volgende dag	[di folχendə daχ]
due giorni fa	twee dae gelede	[tweə daə χeledə]
il giorno prima	die dag voor	[di daχ foər]
quotidiano (agg)	daeliks	[daəliks]
ogni giorno	elke dag	[ɛlkə daχ]
settimana (f)	week	[veək]
la settimana scorsa	laas week	[lās veək]
la settimana prossima	volgende week	[folχendə veək]
settimanale (agg)	weekliks	[veəkliks]
ogni settimana	weekliks	[veəkliks]
ogni martedì	elke Dinsdag	[ɛlkə dinsdaχ]

20. Ore. Giorno e notte

mattina (f)	oggend	[oχent]
di mattina	soggens	[soχɛŋs]
mezzogiorno (m)	middag	[middaχ]
nel pomeriggio	in die namiddag	[in di namiddaχ]
sera (f)	aand	[ānt]
di sera	saans	[sāŋs]
notte (f)	nag	[naχ]

di notte	snags	[snaχs]
mezzanotte (f)	middernag	[middərnaχ]

secondo (m)	sekonde	[sekondə]
minuto (m)	minuut	[minɪt]
ora (f)	uur	[ɪr]
mezzora (f)	n halfuur	[n halfɪr]
quindici minuti	vyftien minute	[fajftin minutə]
ventiquattro ore	24 ure	[fir-en-twintəχ urə]

levata (f) del sole	sonop	[son·op]
alba (f)	daeraad	[daerät]
mattutino (m)	elke oggend	[ɛlkə oχent]
tramonto (m)	sononder	[son·ondər]

di buon mattino	vroegdag	[fruχdaχ]
stamattina	vanmôre	[fanmɔrə]
domattina	môreoggend	[mɔrə·oχent]

oggi pomeriggio	vanmiddag	[fanmiddaχ]
nel pomeriggio	in die namiddag	[in di namiddaχ]
domani pomeriggio	môremiddag	[mɔrə·middaχ]

stasera	vanaand	[fanānt]
domani sera	môreaand	[mɔrə·ānt]

alle tre precise	klokslag 3 uur	[klokslaχ dri ɪr]
verso le quattro	omstreeks 4 uur	[omstreəks fir ɪr]
per le dodici	teen 12 uur	[teən twalf ɪr]

fra venti minuti	oor twintig minute	[oər twintəχ minutə]
puntualmente	betyds	[betajds]

un quarto di ...	kwart voor ...	[kwart foər ...]
ogni quindici minuti	elke 15 minute	[ɛlkə fajftin minutə]
giorno e notte	24 uur per dag	[fir-en-twintəχ pər daχ]

21. Mesi. Stagioni

gennaio (m)	Januarie	[januari]
febbraio (m)	Februarie	[februari]
marzo (m)	Maart	[märt]
aprile (m)	April	[april]
maggio (m)	Mei	[mæj]
giugno (m)	Junie	[juni]

luglio (m)	Julie	[juli]
agosto (m)	Augustus	[ɔuχustus]
settembre (m)	September	[septembər]
ottobre (m)	Oktober	[oktobər]
novembre (m)	November	[nofembər]
dicembre (m)	Desember	[desembər]
primavera (f)	lente	[lentə]
in primavera	in die lente	[in di lentə]

primaverile (agg)	lente-	[lente-]
estate (f)	somer	[somər]
in estate	in die somer	[in di somər]
estivo (agg)	somerse	[somersə]
autunno (m)	herfs	[herfs]
in autunno	in die herfs	[in di herfs]
autunnale (agg)	herfsagtige	[herfsaχtiχə]
inverno (m)	winter	[vintər]
in inverno	in die winter	[in di vintər]
invernale (agg)	winter-	[vintər-]
mese (m)	maand	[mānt]
questo mese	hierdie maand	[hirdi mānt]
il mese prossimo	volgende maand	[folχendə mānt]
il mese scorso	laasmaand	[lāsmānt]
fra due mesi	oor twe maande	[oər twe māndə]
un mese intero	die hele maand	[di helə mānt]
mensile (rivista ~)	maandeliks	[māndəliks]
mensilmente	maandeliks	[māndəliks]
ogni mese	elke maand	[εlkə mānt]
anno (m)	jaar	[jār]
quest'anno	hierdie jaar	[hirdi jār]
l'anno prossimo	volgende jaar	[folχendə jār]
l'anno scorso	laasjaar	[lāʃār]
fra due anni	binne twee jaar	[binnə tweə jār]
un anno intero	die hele jaar	[di helə jār]
ogni anno	elke jaar	[εlkə jār]
annuale (agg)	jaarliks	[jārliks]
annualmente	jaarliks	[jārliks]
quattro volte all'anno	4 keer per jaar	[fir keər pər jār]
data (f) (~ di oggi)	datum	[datum]
data (f) (~ di nascita)	datum	[datum]
calendario (m)	kalender	[kalendər]
semestre (m)	ses maande	[ses māndə]
stagione (f) (estate, ecc.)	seisoen	[sæjsun]
secolo (m)	eeu	[iʊ]

22. Unità di misura

peso (m)	gewig	[χevəχ]
lunghezza (f)	lengte	[leŋtə]
larghezza (f)	breedte	[breədtə]
altezza (f)	hoogte	[hoəχtə]
profondità (f)	diepte	[diptə]
volume (m)	volume	[folumə]

area (f)	area	[area]
grammo (m)	gram	[xram]
milligrammo (m)	milligram	[millixram]
chilogrammo (m)	kilogram	[kiloxram]
tonnellata (f)	ton	[ton]
libbra (f)	pond	[pont]
oncia (f)	ons	[ɔŋs]
metro (m)	meter	[metər]
millimetro (m)	millimeter	[millimetər]
centimetro (m)	sentimeter	[sentimetər]
chilometro (m)	kilometer	[kilometər]
miglio (m)	myl	[majl]
pollice (m)	duim	[dœim]
piede (f)	voet	[fut]
iarda (f)	jaart	[järt]
metro (m) quadro	vierkante meter	[firkantə metər]
ettaro (m)	hektaar	[hektār]
litro (m)	liter	[litər]
grado (m)	graad	[xrāt]
volt (m)	volt	[folt]
ampere (m)	ampère	[ampɛ:r]
cavallo vapore (m)	perdekrag	[perdə·kraχ]
quantità (f)	hoeveelheid	[hufeəlhæjt]
metà (f)	helfte	[hɛlftə]
dozzina (f)	dosyn	[dosajn]
pezzo (m)	stuk	[stuk]
dimensione (f)	grootte	[xroettə]
scala (f) (modello in ~)	skaal	[skāl]
minimo (agg)	minimaal	[minimāl]
minore (agg)	die kleinste	[di klæjnstə]
medio (agg)	medium	[medium]
massimo (agg)	maksimaal	[maksimāl]
maggiore (agg)	die grootste	[di xroətstə]

23. Contenitori

barattolo (m) di vetro	glaspot	[χlas·pot]
latta, lattina (f)	blikkie	[blikki]
secchio (m)	emmer	[ɛmmər]
barile (m), botte (f)	drom	[drom]
catino (m)	wasbak	[vas·bak]
serbatoio (m) (per liquidi)	tenk	[tɛnk]
fiaschetta (f)	heupfles	[høəp·fles]
tanica (f)	petrolblik	[petrol·blik]
cisterna (f)	tenk	[tɛnk]
tazza (f)	beker	[bekər]

tazzina (f) (~ di caffé)	koppie	[koppi]
piattino (m)	piering	[piriŋ]
bicchiere (m) (senza stelo)	glas	[χlas]
calice (m)	wynglas	[vajn·χlas]
casseruola (f)	soppot	[sop·pot]
bottiglia (f)	bottel	[bottəl]
collo (m) (~ della bottiglia)	nek	[nek]
caraffa (f)	kraffie	[kraffi]
brocca (f)	kruik	[krœik]
recipiente (m)	houer	[hæʊər]
vaso (m) di coccio	pot	[pot]
vaso (m) di fiori	vaas	[fãs]
boccetta (f) (~ di profumo)	bottel	[bottəl]
fiala (f)	botteltjie	[bottɛlki]
tubetto (m)	buisie	[bœisi]
sacco (m) (~ di patate)	sak	[sak]
sacchetto (m) (~ di plastica)	sak	[sak]
pacchetto (m) (~ di sigarette, ecc.)	pakkie	[pakki]
scatola (f) (~ per scarpe)	kartondoos	[karton·doəs]
cassa (f) (~ di vino, ecc.)	krat	[krat]
cesta (f)	mandjie	[mandʒi]

ESSERE UMANO

Essere umano. Il corpo umano

24. Testa

Italiano	Afrikaans	Pronuncia
testa (f)	kop	[kop]
viso (m)	gesig	[χesəχ]
naso (m)	neus	[nøəs]
bocca (f)	mond	[mont]
occhio (m)	oog	[oəχ]
occhi (m pl)	oë	[oɛ]
pupilla (f)	pupil	[pupil]
sopracciglio (m)	wenkbrou	[vɛnk·bræʊ]
ciglio (m)	ooghaar	[oəχ·hãr]
palpebra (f)	ooglid	[oəχ·lit]
lingua (f)	tong	[toŋ]
dente (m)	tand	[tant]
labbra (f pl)	lippe	[lippə]
zigomi (m pl)	wangbene	[vaŋ·benə]
gengiva (f)	tandvleis	[tand·flæjs]
palato (m)	verhemelte	[fer·hemɛltə]
narici (f pl)	neusgate	[nøəsχatə]
mento (m)	ken	[ken]
mascella (f)	kakebeen	[kakebeən]
guancia (f)	wang	[vaŋ]
fronte (f)	voorhoof	[foərhoəf]
tempia (f)	slaap	[slãp]
orecchio (m)	oor	[oər]
nuca (f)	agterkop	[aχtərkop]
collo (m)	nek	[nek]
gola (f)	keel	[keəl]
capelli (m pl)	haar	[hãr]
pettinatura (f)	kapsel	[kapsəl]
taglio (m)	haarstyl	[hãrstajl]
parrucca (f)	pruik	[prœik]
baffi (m pl)	snor	[snor]
barba (f)	baard	[bãrt]
portare (~ la barba, ecc.)	dra	[dra]
treccia (f)	vlegsel	[fleχsəl]
basette (f pl)	bakkebaarde	[bakkəbãrdə]
rosso (agg)	rooiharig	[roj·harəχ]
brizzolato (agg)	grys	[χrajs]

calvo (agg)	kaal	[kāl]
calvizie (f)	kaal plek	[kāl plek]
coda (f) di cavallo	poniestert	[poni·stert]
frangetta (f)	gordyntjiekapsel	[χordajnki·kapsəl]

25. Corpo umano

mano (f)	hand	[hant]
braccio (m)	arm	[arm]

dito (m)	vinger	[fiŋər]
dito (m) del piede	toon	[toən]
pollice (m)	duim	[dœim]
mignolo (m)	pinkie	[pinki]
unghia (f)	nael	[naəl]

pugno (m)	vuis	[fœis]
palmo (m)	palm	[palm]
polso (m)	pols	[pols]
avambraccio (m)	voorarm	[foərarm]
gomito (m)	elmboog	[ɛlmboəχ]
spalla (f)	skouer	[skæʊər]

gamba (f)	been	[beən]
pianta (f) del piede	voet	[fut]
ginocchio (m)	knie	[kni]
polpaccio (m)	kuit	[kœit]
anca (f)	heup	[høəp]
tallone (m)	hakskeen	[hak·skeən]

corpo (m)	liggaam	[liχχām]
pancia (f)	maag	[māχ]
petto (m)	bors	[bors]
seno (m)	bors	[bors]
fianco (m)	sy	[saj]
schiena (f)	rug	[ruχ]
zona (f) lombare	lae rug	[laə ruχ]
vita (f)	middel	[middəl]

ombelico (m)	naeltjie	[naɛlki]
natiche (f pl)	boude	[bæʊdə]
sedere (m)	sitvlak	[sitflak]

neo (m)	moesie	[musi]
voglia (f) (~ di fragola)	moedervlek	[mudər·flek]
tatuaggio (m)	tatoe	[tatu]
cicatrice (f)	litteken	[littekən]

Abbigliamento e Accessori

26. Indumenti. Soprabiti

vestiti (m pl)	klere	[klerə]
soprabito (m)	oorklere	[oərklerə]
abiti (m pl) invernali	winterklere	[vintər·klerə]
cappotto (m)	jas	[jas]
pelliccia (f)	pelsjas	[pelʃas]
pellicciotto (m)	kort pelsjas	[kort pelʃas]
piumino (m)	donsjas	[donʃas]
giubbotto (m), giaccha (f)	baadjie	[bãdʒi]
impermeabile (m)	reënjas	[reɛnjas]
impermeabile (agg)	waterdig	[vatərdəχ]

27. Men's & women's clothing

camicia (f)	hemp	[hemp]
pantaloni (m pl)	broek	[bruk]
jeans (m pl)	denimbroek	[denim·bruk]
giacca (f) (~ di tweed)	baadjie	[bãdʒi]
abito (m) da uomo	pak	[pak]
abito (m)	rok	[rok]
gonna (f)	romp	[romp]
camicetta (f)	bloes	[blus]
giacca (f) a maglia	gebreide baadjie	[χebræjdə bãdʒi]
giacca (f) tailleur	baadjie	[bãdʒi]
maglietta (f)	T-hemp	[te-hemp]
pantaloni (m pl) corti	kortbroek	[kort·bruk]
tuta (f) sportiva	sweetpak	[sweet·pak]
accappatoio (m)	badjas	[batjas]
pigiama (m)	pajama	[pajama]
maglione (m)	trui	[trœi]
pullover (m)	trui	[trœi]
gilè (m)	onderbaadjie	[ondər·bãdʒi]
frac (m)	swaelstertbaadjie	[swaɛlstert·bãdʒi]
smoking (m)	aandpak	[ãntpak]
uniforme (f)	uniform	[uniform]
tuta (f) da lavoro	werksklere	[verks·klerə]
salopette (f)	oorpak	[oərpak]
camice (m) (~ del dottore)	jas	[jas]

28. Abbigliamento. Biancheria intima

biancheria (f) intima	onderklere	[ondərklerə]
boxer (m pl)	onderbroek	[ondərbruk]
mutandina (f)	onderbroek	[ondərbruk]
maglietta (f) intima	frokkie	[frokki]
calzini (m pl)	sokkies	[sokkis]
camicia (f) da notte	nagrok	[naxrok]
reggiseno (m)	bra	[bra]
calzini (m pl) alti	kniekouse	[kni·kæʊsə]
collant (m)	kousbroek	[kæʊsbruk]
calze (f pl)	kouse	[kæʊsə]
costume (m) da bagno	baaikostuum	[bāj·kostɪm]

29. Copricapo

cappello (m)	hoed	[hut]
cappello (m) di feltro	hoed	[hut]
cappello (m) da baseball	bofbalpet	[bofbal·pet]
coppola (f)	pet	[pet]
basco (m)	mus	[mus]
cappuccio (m)	kap	[kap]
panama (m)	panamahoed	[panama·hut]
berretto (m) a maglia	gebreide mus	[xebræjdə mus]
fazzoletto (m) da capo	kopdoek	[kopduk]
cappellino (m) donna	dameshoed	[dames·hut]
casco (m) (~ di sicurezza)	veiligheidshelm	[fæjlixæjts·hɛlm]
bustina (f)	mus	[mus]
casco (m) (~ moto)	helmet	[hɛlmet]
bombetta (f)	bolhoed	[bolhut]
cilindro (m)	hoëhoed	[hoɛhut]

30. Calzature

calzature (f pl)	skoeisel	[skuisəl]
stivaletti (m pl)	mansskoene	[maŋs·skunə]
scarpe (f pl)	damesskoene	[dames·skunə]
stivali (m pl)	laarse	[lārsə]
pantofole (f pl)	pantoffels	[pantoffəls]
scarpe (f pl) da tennis	tennisskoene	[tɛnnis·skunə]
scarpe (f pl) da ginnastica	tekkies	[tɛkkis]
sandali (m pl)	sandale	[sandalə]
calzolaio (m)	skoenmaker	[skun·makər]
tacco (m)	hak	[hak]

paio (m)	paar	[pār]
laccio (m)	skoenveter	[skun·fetər]
allacciare (vt)	ryg	[rajχ]
calzascarpe (m)	skoenlepel	[skun·lepəl]
lucido (m) per le scarpe	skoenpolitoer	[skun·politur]

31. Accessori personali

guanti (m pl)	handskoene	[handskunə]
manopole (f pl)	duimhandskoene	[dœim·handskunə]
sciarpa (f)	serp	[serp]
occhiali (m pl)	bril	[bril]
montatura (f)	raam	[rām]
ombrello (m)	sambreel	[sambreəl]
bastone (m)	wandelstok	[vandəl·stok]
spazzola (f) per capelli	haarborsel	[hār·borsəl]
ventaglio (m)	waaier	[vājer]
cravatta (f)	das	[das]
cravatta (f) a farfalla	strikkie	[strikki]
bretelle (f pl)	kruisbande	[krœis·bandə]
fazzoletto (m)	sakdoek	[sakduk]
pettine (m)	kam	[kam]
fermaglio (m)	haarspeld	[hārs·pɛlt]
forcina (f)	haarpen	[hār·pen]
fibbia (f)	gespe	[χespə]
cintura (f)	belt	[bɛlt]
spallina (f)	skouerband	[skæuer·bant]
borsa (f)	handsak	[hand·sak]
borsetta (f)	beursie	[bøərsi]
zaino (m)	rugsak	[ruχsak]

32. Abbigliamento. Varie

moda (f)	mode	[modə]
di moda	in die mode	[in di modə]
stilista (m)	modeontwerper	[modə·ontwerpər]
collo (m)	kraag	[krāχ]
tasca (f)	sak	[sak]
tascabile (agg)	sak-	[sak-]
manica (f)	mou	[mæʊ]
asola (f) per appendere	lussie	[lussi]
patta (f) (~ dei pantaloni)	gulp	[χulp]
cerniera (f) lampo	ritssluiter	[rits·slœitər]
chiusura (f)	vasmaker	[fasmakər]
bottone (m)	knoop	[knoəp]

occhiello (m)	knoopsgat	[knoəps·χat]
staccarsi (un bottone)	loskom	[loskom]
cucire (vi, vt)	naai	[näi]
ricamare (vi, vt)	borduur	[bordɪr]
ricamo (m)	borduurwerk	[bordɪr·werk]
ago (m)	naald	[nält]
filo (m)	garing	[χariŋ]
cucitura (f)	soom	[soəm]
sporcarsi (vr)	vuil word	[fœil vort]
macchia (f)	vlek	[flek]
sgualcirsi (vr)	kreukel	[krøəkəl]
strappare (vt)	skeur	[skøər]
tarma (f)	mot	[mot]

33. Cura della persona. Cosmetici

dentifricio (m)	tandepasta	[tandə·pasta]
spazzolino (m) da denti	tandeborsel	[tandə·borsəl]
lavarsi i denti	tande borsel	[tandə borsəl]
rasoio (m)	skeermes	[skeər·mes]
crema (f) da barba	skeerroom	[skeər·roəm]
rasarsi (vr)	skeer	[skeər]
sapone (m)	seep	[seəp]
shampoo (m)	sjampoe	[ʃampu]
forbici (f pl)	skêr	[skær]
limetta (f)	naelvyl	[naɛl·fajl]
tagliaunghie (m)	naelknipper	[naɛl·knippər]
pinzette (f pl)	haartangetjie	[hãrtaŋəki]
cosmetica (f)	kosmetika	[kosmetika]
maschera (f) di bellezza	gesigmasker	[χesiχ·maskər]
manicure (m)	manikuur	[manikɪr]
fare la manicure	laat manikuur	[lãt manikɪr]
pedicure (m)	voetbehandeling	[fut·behandeliŋ]
borsa (f) del trucco	kosmetika tassie	[kosmetika tassi]
cipria (f)	gesigpoeier	[χesiχ·pujer]
portacipria (m)	poeierdosie	[pujer·dosi]
fard (m)	blosser	[blossər]
profumo (m)	parfuum	[parfɪm]
acqua (f) da toeletta	reukwater	[røək·vatər]
lozione (f)	vloeiroom	[flui·roəm]
acqua (f) di Colonia	reukwater	[røək·vatər]
ombretto (m)	oogskadu	[oəχ·skadu]
eyeliner (m)	oogomlyner	[oəχ·omlajnər]
mascara (m)	maskara	[maskara]
rossetto (m)	lipstiffie	[lip·stiffi]

smalto (m)	naellak	[naɛl·lak]
lacca (f) per capelli	haarsproei	[hãrs·prui]
deodorante (m)	reukweermiddel	[røək·veərmiddəl]
crema (f)	room	[roəm]
crema (f) per il viso	gesigroom	[χesiχ·roəm]
crema (f) per le mani	handroom	[hand·roəm]
crema (f) antirughe	antirimpelroom	[antirimpəl·roəm]
crema (f) da giorno	dagroom	[daχ·roəm]
crema (f) da notte	nagroom	[naχ·roəm]
da giorno	dag-	[daχ-]
da notte	nag-	[naχ-]
tampone (m)	tampon	[tampon]
carta (f) igienica	toiletpapier	[tojlet·papir]
fon (m)	haardroër	[hãr·drɔɛr]

34. Orologi da polso. Orologio

orologio (m) (~ da polso)	polshorlosie	[pols·horlosi]
quadrante (m)	wyserplaat	[vajsər·plãt]
lancetta (f)	wyster	[vajstər]
braccialetto (m)	metaal horlosiebandjie	[metãl horlosi·bandʒi]
cinturino (m)	horlosiebandjie	[horlosi·bandʒi]
pila (f)	battery	[battəraj]
essere scarico	pap wees	[pap veəs]
andare avanti	voorloop	[foərloəp]
andare indietro	agterloop	[aχtərloəp]
orologio (m) da muro	muurhorlosie	[mɪr·horlosi]
clessidra (f)	uurglas	[ɪr·χlas]
orologio (m) solare	sonwyser	[son·wajsər]
sveglia (f)	wekker	[vɛkkər]
orologiaio (m)	horlosiemaker	[horlosi·makər]
riparare (vt)	herstel	[herstəl]

Cibo. Alimentazione

35. Cibo

carne (f)	vleis	[flæjs]
pollo (m)	hoender	[hundər]
pollo (m) novello	braaikuiken	[brāj·kœiken]
anatra (f)	eend	[eent]
oca (f)	gans	[χaŋs]
cacciagione (f)	wild	[vilt]
tacchino (m)	kalkoen	[kalkun]
maiale (m)	varkvleis	[fark·flæjs]
vitello (m)	kalfsvleis	[kalfs·flæjs]
agnello (m)	lamsvleis	[lams·flæjs]
manzo (m)	beesvleis	[beəs·flæjs]
coniglio (m)	konynvleis	[konajn·flæjs]
salame (m)	wors	[vors]
w?rstel (m)	Weense worsie	[vɛɛnsə vorsi]
pancetta (f)	spek	[spek]
prosciutto (m)	ham	[ham]
prosciutto (m) affumicato	gerookte ham	[χeroəktə ham]
pâté (m)	patee	[pateə]
fegato (m)	lewer	[levər]
carne (f) trita	maalvleis	[māl·flæjs]
lingua (f)	tong	[toŋ]
uovo (m)	eier	[æjer]
uova (f pl)	eiers	[æjers]
albume (m)	eierwit	[æjer·wit]
tuorlo (m)	dooier	[dojer]
pesce (m)	vis	[fis]
frutti (m pl) di mare	seekos	[seə·kos]
crostacei (m pl)	skaaldiere	[skāldirə]
caviale (m)	kaviaar	[kafiār]
granchio (m)	krab	[krap]
gamberetto (m)	garnaal	[χarnāl]
ostrica (f)	oester	[ustər]
aragosta (f)	seekreef	[seə·kreəf]
polpo (m)	seekat	[seə·kat]
calamaro (m)	pylinkvis	[pajl·inkfis]
storione (m)	steur	[støər]
salmone (m)	salm	[salm]
ippoglosso (m)	heilbot	[hæjlbot]
merluzzo (m)	kabeljou	[kabeljæʊ]

scombro (m)	makriel	[makril]
tonno (m)	tuna	[tuna]
anguilla (f)	paling	[paliŋ]
trota (f)	forel	[forəl]
sardina (f)	sardyn	[sardajn]
luccio (m)	varswatersnoek	[farswatər·snuk]
aringa (f)	haring	[hariŋ]
pane (m)	brood	[broət]
formaggio (m)	kaas	[kās]
zucchero (m)	suiker	[sœikər]
sale (m)	sout	[sæʊt]
riso (m)	rys	[rajs]
pasta (f)	pasta	[pasta]
tagliatelle (f pl)	noedels	[nudɛls]
burro (m)	botter	[bottər]
olio (m) vegetale	plantaardige olie	[plantārdiχə oli]
olio (m) di girasole	sonblomolie	[sonblom·oli]
margarina (f)	margarien	[marχarin]
olive (f pl)	olywe	[olajvə]
olio (m) d'oliva	olyfolie	[olajf·oli]
latte (m)	melk	[melk]
latte (m) condensato	kondensmelk	[kondɛŋs·melk]
yogurt (m)	jogurt	[joχurt]
panna (f) acida	suurroom	[sɪr·roəm]
panna (f)	room	[roəm]
maionese (m)	mayonnaise	[majonɛs]
crema (f)	crème	[krɛm]
cereali (m pl)	ontbytgraan	[ontbajt·χrān]
farina (f)	meelblom	[meəl·blom]
cibi (m pl) in scatola	blikkieskos	[blikkis·kos]
fiocchi (m pl) di mais	mielievlokkies	[mili·flokkis]
miele (m)	heuning	[høəniŋ]
marmellata (f)	konfyt	[konfajt]
gomma (f) da masticare	kougom	[kæʊχom]

36. Bevande

acqua (f)	water	[vatər]
acqua (f) potabile	drinkwater	[drink·vatər]
acqua (f) minerale	mineraalwater	[minerāl·vatər]
liscia (non gassata)	sonder gas	[sonder χas]
gassata (agg)	soda-	[soda-]
frizzante (agg)	bruis-	[brœis-]
ghiaccio (m)	ys	[ajs]

con ghiaccio	met ys	[met ajs]
analcolico (agg)	nie-alkoholies	[ni-alkoholis]
bevanda (f) analcolica	koeldrank	[kul·drank]
bibita (f)	verfrissende drank	[ferfrissende drank]
limonata (f)	limonade	[limonade]
bevande (f pl) alcoliche	likeure	[likøere]
vino (m)	wyn	[vajn]
vino (m) bianco	witwyn	[vit·vajn]
vino (m) rosso	rooiwyn	[roj·vajn]
liquore (m)	likeur	[likøer]
champagne (m)	sjampanje	[ʃampanje]
vermouth (m)	vermoet	[fermut]
whisky	whisky	[vhiskaj]
vodka (f)	vodka	[fodka]
gin (m)	jenever	[jenefer]
cognac (m)	brandewyn	[brande·vajn]
rum (m)	rum	[rum]
caffè (m)	koffie	[koffi]
caffè (m) nero	swart koffie	[swart koffi]
caffè latte (m)	koffie met melk	[koffi met melk]
cappuccino (m)	capuccino	[kaputʃino]
caffè (m) solubile	poeierkoffie	[pujer·koffi]
latte (m)	melk	[melk]
cocktail (m)	mengeldrankie	[menχel·dranki]
frullato (m)	melkskommel	[melk·skommel]
succo (m)	sap	[sap]
succo (m) di pomodoro	tamatiesap	[tamati·sap]
succo (m) d'arancia	lemoensap	[lemoen·sap]
spremuta (f)	vars geparste sap	[fars χeparste sap]
birra (f)	bier	[bir]
birra (f) chiara	ligte bier	[liχte bir]
birra (f) scura	donker bier	[donker bir]
tè (m)	tee	[tee]
tè (m) nero	swart tee	[swart tee]
tè (m) verde	groen tee	[χrun tee]

37. Verdure

ortaggi (m pl)	groente	[χrunte]
verdura (f)	groente	[χrunte]
pomodoro (m)	tamatie	[tamati]
cetriolo (m)	komkommer	[komkommer]
carota (f)	wortel	[vortel]
patata (f)	aartappel	[ārtappel]
cipolla (f)	ui	[œi]

aglio (m)	knoffel	[knoffəl]
cavolo (m)	kool	[koəl]
cavolfiore (m)	blomkool	[blom·koəl]
cavoletti (m pl) di Bruxelles	**Brusselspruite**	[brussɛl·sprœitə]
broccolo (m)	broccoli	[brokoli]
barbabietola (f)	beet	[beət]
melanzana (f)	eiervrug	[æjerfruχ]
zucchina (f)	vingerskorsie	[fiŋər·skorsi]
zucca (f)	pampoen	[pampun]
rapa (f)	raap	[rāp]
prezzemolo (m)	pietersielie	[pitərsili]
aneto (m)	dille	[dillə]
lattuga (f)	slaai	[slāi]
sedano (m)	seldery	[selderaj]
asparago (m)	aspersie	[aspersi]
spinaci (m pl)	spinasie	[spinasi]
pisello (m)	ertjie	[ɛrki]
fave (f pl)	boontjies	[boənkis]
mais (m)	mielie	[mili]
fagiolo (m)	nierboontjie	[nir·boənki]
peperone (m)	paprika	[paprika]
ravanello (m)	radys	[radajs]
carciofo (m)	artisjok	[artiʃok]

38. Frutta. Noci

frutto (m)	vrugte	[fruχtə]
mela (f)	appel	[appəl]
pera (f)	peer	[peər]
limone (m)	suurlemoen	[sɪr·lemun]
arancia (f)	lemoen	[lemun]
fragola (f)	aarbei	[ārbæj]
mandarino (m)	nartjie	[narki]
prugna (f)	pruim	[prœim]
pesca (f)	perske	[perskə]
albicocca (f)	appelkoos	[appɛlkoəs]
lampone (m)	framboos	[framboəs]
ananas (m)	pynappel	[pajnappəl]
banana (f)	piesang	[pisaŋ]
anguria (f)	waatlemoen	[vātlemun]
uva (f)	druif	[drœif]
amarena (f)	suurkersie	[sɪr·kersi]
ciliegia (f)	soetkersie	[sut·kersi]
melone (m)	spanspek	[spaŋspek]
pompelmo (m)	pomelo	[pomelo]
avocado (m)	avokado	[afokado]
papaia (f)	papaja	[papaja]

mango (m)	mango	[manχo]
melagrana (f)	granaat	[χranãt]
ribes (m) rosso	rooi aalbessie	[roj ālbɛssi]
ribes (m) nero	swartbessie	[swartbɛssi]
uva (f) spina	appelliefie	[appɛllifi]
mirtillo (m)	bosbessie	[bosbɛssi]
mora (f)	braambessie	[brãmbɛssi]
uvetta (f)	rosyntjie	[rosajnki]
fico (m)	vy	[faj]
dattero (m)	dadel	[dadəl]
arachide (f)	grondboontjie	[χront·boənki]
mandorla (f)	amandel	[amandəl]
noce (f)	okkerneut	[okkər·nøət]
nocciola (f)	haselneut	[hasɛl·nøət]
noce (f) di cocco	klapper	[klappər]
pistacchi (m pl)	pistachio	[pistatʃio]

39. Pane. Dolci

pasticceria (f)	soet gebak	[sut χebak]
pane (m)	brood	[broət]
biscotti (m pl)	koekies	[kukis]
cioccolato (m)	sjokolade	[ʃokoladə]
al cioccolato (agg)	sjokolade	[ʃokoladə]
caramella (f)	lekkers	[lɛkkərs]
tortina (f)	koek	[kuk]
torta (f)	koek	[kuk]
crostata (f)	pastei	[pastæj]
ripieno (m)	vulsel	[fulsəl]
marmellata (f)	konfyt	[konfajt]
marmellata (f) di agrumi	marmelade	[marmeladə]
wafer (m)	wafels	[vafɛls]
gelato (m)	roomys	[roəm·ajs]
budino (m)	poeding	[pudiŋ]

40. Pietanze cucinate

piatto (m) (~ principale)	gereg	[χerəχ]
cucina (f)	kookkuns	[koək·kuns]
ricetta (f)	resep	[resep]
porzione (f)	porsie	[porsi]
insalata (f)	slaai	[slãi]
minestra (f)	sop	[sop]
brodo (m)	helder sop	[hɛldər sop]
panino (m)	toebroodjie	[tubroədʒi]

uova (f pl) al tegamino	gabakte eiers	[χabaktə æjers]
hamburger (m)	hamburger	[hamburχər]
bistecca (f)	biefstuk	[bifstuk]
contorno (m)	sygereg	[saj·χerəχ]
spaghetti (m pl)	spaghetti	[spaχɛtti]
purè (m) di patate	kapokaartappels	[kapok·ārtappəls]
pizza (f)	pizza	[pizza]
porridge (m)	pap	[pap]
frittata (f)	omelet	[omələt]
bollito (agg)	gekook	[χekoək]
affumicato (agg)	gerook	[χeroək]
fritto (agg)	gebak	[χebak]
secco (agg)	gedroog	[χedroəχ]
congelato (agg)	gevries	[χefris]
sottoaceto (agg)	gepiekel	[χepikəl]
dolce (gusto)	soet	[sut]
salato (agg)	sout	[sæʊt]
freddo (agg)	koud	[kæʊt]
caldo (agg)	warm	[varm]
amaro (agg)	bitter	[bittər]
buono, gustoso (agg)	smaaklik	[smāklik]
cuocere, preparare (vt)	kook in water	[koək in vatər]
cucinare (vi)	kook	[koək]
friggere (vt)	braai	[braj]
riscaldare (vt)	opwarm	[opwarm]
salare (vt)	sout	[sæʊt]
pepare (vt)	peper	[pepər]
grattugiare (vt)	rasp	[rasp]
buccia (f)	skil	[skil]
sbucciare (vt)	skil	[skil]

41. Spezie

sale (m)	sout	[sæʊt]
salato (agg)	sout	[sæʊt]
salare (vt)	sout	[sæʊt]
pepe (m) nero	swart peper	[swart pepər]
peperoncino (m)	rooi peper	[roj pepər]
senape (f)	mosterd	[mostert]
cren (m)	peperwortel	[peper·wortəl]
condimento (m)	smaakmiddel	[smāk·middəl]
spezie (f pl)	spesery	[spesəraj]
salsa (f)	sous	[sæʊs]
aceto (m)	asyn	[asajn]
anice (m)	anys	[anajs]
basilico (m)	basilikum	[basilikum]

chiodi (m pl) di garofano	naeltjies	[naɛlkis]
zenzero (m)	gemmer	[xɛmmər]
coriandolo (m)	koljander	[koljandər]
cannella (f)	kaneel	[kaneəl]
sesamo (m)	sesamsaad	[sesam·sāt]
alloro (m)	lourierblaar	[læurir·blār]
paprica (f)	paprika	[paprika]
cumino (m)	komynsaad	[komajnsāt]
zafferano (m)	saffraan	[saffrān]

42. Pasti

cibo (m)	kos	[kos]
mangiare (vi, vt)	eet	[eət]
colazione (f)	ontbyt	[ontbajt]
fare colazione	ontbyt	[ontbajt]
pranzo (m)	middagete	[middaχ·etə]
pranzare (vi)	gaan eet	[χān eət]
cena (f)	aandete	[āndetə]
cenare (vi)	aandete gebruik	[āndetə χebrœik]
appetito (m)	aptyt	[aptajt]
Buon appetito!	Smaaklike ete!	[smāklikə etə!]
aprire (vt)	oopmaak	[oəpmāk]
rovesciare (~ il vino, ecc.)	mors	[mors]
rovesciarsi (vr)	mors	[mors]
bollire (vi)	kook	[koək]
far bollire	kook	[koək]
bollito (agg)	gekook	[χekoək]
raffreddare (vt)	laat afkoel	[lāt afkul]
raffreddarsi (vr)	afkoel	[afkul]
gusto (m)	smaak	[smāk]
retrogusto (m)	nasmaak	[nasmāk]
essere a dieta	vermaer	[fermaər]
dieta (f)	dieet	[diət]
vitamina (f)	vitamien	[fitamin]
caloria (f)	kalorie	[kalori]
vegetariano (m)	vegetariër	[feχetariɛr]
vegetariano (agg)	vegetaries	[feχetaris]
grassi (m pl)	vette	[fɛttə]
proteine (f pl)	proteïen	[proteïen]
carboidrati (m pl)	koolhidrate	[koəlhidratə]
fetta (f), fettina (f)	snytjie	[snajki]
pezzo (m) (~ di torta)	stuk	[stuk]
briciola (f) (~ di pane)	krummel	[krummǝl]

43. Preparazione della tavola

cucchiaio (m)	lepel	[lepəl]
coltello (m)	mes	[mes]
forchetta (f)	vurk	[furk]
tazza (f)	koppie	[koppi]
piatto (m)	bord	[bort]
piattino (m)	piering	[piriŋ]
tovagliolo (m)	servet	[serfət]
stuzzicadenti (m)	tandestokkie	[tandə·stokki]

44. Ristorante

ristorante (m)	restaurant	[restɔurant]
caffè (m)	koffiekroeg	[koffi·kruχ]
pub (m), bar (m)	kroeg	[kruχ]
sala (f) da tè	teekamer	[teə·kamər]
cameriere (m)	kelner	[kɛlnər]
cameriera (f)	kelnerin	[kɛlnərin]
barista (m)	kroegman	[kruχman]
menù (m)	spyskaart	[spajs·kārt]
lista (f) dei vini	wyn	[vajn]
prenotare un tavolo	wynkaart	[vajn·kārt]
piatto (m)	gereg	[χerəχ]
ordinare (~ il pranzo)	bestel	[bestəl]
fare un'ordinazione	bestel	[bestəl]
aperitivo (m)	drankie	[dranki]
antipasto (m)	voorgereg	[foərχerəχ]
dolce (m)	nagereg	[naχerəχ]
conto (m)	rekening	[rekəniŋ]
pagare il conto	die rekening betaal	[di rekəniŋ betāl]
dare il resto	kleingeld gee	[klæjn·χɛlt χeə]
mancia (f)	fooitjie	[fojki]

Famiglia, parenti e amici

45. Informazioni personali. Moduli

nome (m)	voornaam	[foernãm]
cognome (m)	van	[fan]
data (f) di nascita	geboortedatum	[ˣeboərtə·datum]
luogo (m) di nascita	geboorteplek	[ˣeboərtə·plek]
nazionalità (f)	nasionaliteit	[naʃionalitæjt]
domicilio (m)	woonplek	[voən·plek]
paese (m)	land	[lant]
professione (f)	beroep	[berup]
sesso (m)	geslag	[ˣeslaˣ]
statura (f)	lengte	[leŋtə]
peso (m)	gewig	[ˣeveˣ]

46. Membri della famiglia. Parenti

madre (f)	moeder	[mudər]
padre (m)	vader	[fadər]
figlio (m)	seun	[søən]
figlia (f)	dogter	[doχtər]
figlia (f) minore	jonger dogter	[joŋər doχtər]
figlio (m) minore	jonger seun	[joŋər søən]
figlia (f) maggiore	oudste dogter	[æudstə doχtər]
figlio (m) maggiore	oudste seun	[æudstə søən]
fratello (m)	broer	[brur]
fratello (m) maggiore	ouer broer	[æuer brur]
fratello (m) minore	jonger broer	[joŋər brur]
sorella (f)	suster	[sustər]
sorella (f) maggiore	ouer suster	[æuer sustər]
sorella (f) minore	jonger suster	[joŋər sustər]
cugino (m)	neef	[neəf]
cugina (f)	neef	[neəf]
mamma (f)	ma	[ma]
papà (m)	pa	[pa]
genitori (m pl)	ouers	[æuers]
bambino (m)	kind	[kint]
bambini (m pl)	kinders	[kindərs]
nonna (f)	ouma	[æuma]
nonno (m)	oupa	[æupa]

Italiano	Afrikaans	Pronuncia
nipote (m) (figlio di un figlio)	kleinseun	[klæjn·søən]
nipote (f)	kleindogter	[klæjn·doχtər]
nipoti (pl)	kleinkinders	[klæjn·kindərs]
zio (m)	oom	[oəm]
zia (f)	tante	[tantə]
nipote (m) (figlio di un fratello)	neef	[neəf]
nipote (f)	nig	[niχ]
suocera (f)	skoonma	[skoən·ma]
suocero (m)	skoonpa	[skoən·pa]
genero (m)	skoonseun	[skoən·søən]
matrigna (f)	stiefma	[stifma]
patrigno (m)	stiefpa	[stifpa]
neonato (m)	baba	[baba]
infante (m)	baba	[baba]
bimbo (m), ragazzino (m)	seuntjie	[søənki]
moglie (f)	vrou	[fræʊ]
marito (m)	man	[man]
coniuge (m)	eggenoot	[ɛχχenoət]
coniuge (f)	eggenote	[ɛχχenotə]
sposato (agg)	getroud	[χetræʊt]
sposata (agg)	getroud	[χetræʊt]
celibe (agg)	ongetroud	[onχətræʊt]
scapolo (m)	vrygesel	[frajχesəl]
divorziato (agg)	geskei	[χeskæj]
vedova (f)	weduwee	[veduveə]
vedovo (m)	wedunaar	[vedunār]
parente (m)	familielid	[famililit]
parente (m) stretto	na familie	[na famili]
parente (m) lontano	ver familie	[fer famili]
parenti (m pl)	familielede	[famililedə]
orfano (m)	weeskind	[veəskint]
orfana (f)	weeskind	[veəskint]
tutore (m)	voog	[foəχ]
adottare (~ un bambino)	aanneem	[ānneəm]
adottare (~ una bambina)	aanneem	[ānneəm]

Medicinali

47. Malattie

malattia (f)	siekte	[siktə]
essere malato	siek wees	[sik veəs]
salute (f)	gesondheid	[χəsonthæjt]
raffreddore (m)	loopneus	[loəpnøəs]
tonsillite (f)	keelontsteking	[keəl·ontstekiŋ]
raffreddore (m)	verkoue	[ferkæʊə]
bronchite (f)	bronchitis	[bronχitis]
polmonite (f)	longontsteking	[loŋ·ontstekiŋ]
influenza (f)	griep	[χrip]
miope (agg)	bysiende	[bajsində]
presbite (agg)	versiende	[fersində]
strabismo (m)	skeelheid	[skeəlhæjt]
strabico (agg)	skeel	[skeəl]
cateratta (f)	katarak	[katarak]
glaucoma (m)	gloukoom	[χlæʊkoəm]
ictus (m) cerebrale	beroerte	[berurtə]
attacco (m) di cuore	hartaanval	[hart·ānfal]
infarto (m) miocardico	hartinfark	[hart·infark]
paralisi (f)	verlamming	[ferlammiŋ]
paralizzare (vt)	verlam	[ferlam]
allergia (f)	allergie	[allerχi]
asma (f)	asma	[asma]
diabete (m)	suikersiekte	[sœikər·siktə]
mal (m) di denti	tandpyn	[tand·pajn]
carie (f)	tandbederf	[tand·bederf]
diarrea (f)	diarree	[diarreə]
stitichezza (f)	hardlywigheid	[hardlajviχæjt]
disturbo (m) gastrico	maagongesteldheid	[māχ·oŋəstɛldhæjt]
intossicazione (f) alimentare	voedselvergiftiging	[fudsəl·ferχiftəχiŋ]
intossicarsi (vr)	voedselvergiftiging kry	[fudsəl·ferχiftəχiŋ kraj]
artrite (f)	artritis	[artritis]
rachitide (f)	Engelse siekte	[ɛŋəlsə siktə]
reumatismo (m)	reumatiek	[røəmatik]
aterosclerosi (f)	artrosklerose	[artrosklerosə]
gastrite (f)	maagontsteking	[māχ·ontstekiŋ]
appendicite (f)	blindedermontsteking	[blindəderm·ontstekiŋ]
colecistite (f)	galblaasontsteking	[χalblās·ontstekiŋ]

italiano	afrikaans	pronuncia
ulcera (f)	maagsweer	[mãχsweər]
morbillo (m)	masels	[masɛls]
rosolia (f)	**Duitse masels**	[dœitsə masɛls]
itterizia (f)	geelsug	[χeəlsuχ]
epatite (f)	hepatitis	[hepatitis]
schizofrenia (f)	skisofrenie	[skisofreni]
rabbia (f)	hondsdolheid	[hondsdolhæjt]
nevrosi (f)	neurose	[nøərosə]
commozione (f) cerebrale	harsingskudding	[harsiŋ·skuddiŋ]
cancro (m)	kanker	[kankər]
sclerosi (f)	sklerose	[sklerosə]
sclerosi (f) multipla	**veelvuldige sklerose**	[feəlfuldiχə sklerosə]
alcolismo (m)	alkoholisme	[alkoholismə]
alcolizzato (m)	alkoholikus	[alkoholikus]
sifilide (f)	sifilis	[sifilis]
AIDS (m)	VIGS	[vigs]
tumore (m)	tumor	[tumor]
maligno (agg)	kwaadaardig	[kwãdãrdəχ]
benigno (agg)	goedaardig	[χudãrdəχ]
febbre (f)	koors	[koərs]
malaria (f)	malaria	[malaria]
cancrena (f)	gangreen	[χanχreən]
mal (m) di mare	seesiekte	[seə·siktə]
epilessia (f)	epilepsie	[ɛpilepsi]
epidemia (f)	epidemie	[ɛpidemi]
tifo (m)	tifus	[tifus]
tubercolosi (f)	tuberkulose	[tuberkulosə]
colera (m)	cholera	[χolera]
peste (f)	pes	[pes]

48. Sintomi. Cure. Parte 1

italiano	afrikaans	pronuncia
sintomo (m)	simptoom	[simptoəm]
temperatura (f)	temperatuur	[temperatɪr]
febbre (f) alta	koors	[koərs]
polso (m)	polsslag	[pols·slaχ]
capogiro (m)	duiseligheid	[dœiseliχæjt]
caldo (agg)	warm	[varm]
brivido (m)	koue rillings	[kæʊə rilliŋs]
pallido (un viso ~)	bleek	[bleək]
tosse (f)	hoes	[hus]
tossire (vi)	hoes	[hus]
starnutire (vi)	nies	[nis]
svenimento (m)	floute	[flæʊtə]
svenire (vi)	flou word	[flæʊ vort]
livido (m)	blou kol	[blæʊ kol]

bernoccolo (m)	knop	[knop]
farsi un livido	stamp	[stamp]
contusione (f)	besering	[beseriŋ]
zoppicare (vi)	hink	[hink]
slogatura (f)	ontwrigting	[ontwrixtiŋ]
slogarsi (vr)	ontwrig	[ontwrəx]
frattura (f)	breuk	[brøək]
fratturarsi (vr)	n breuk hê	[n brøək hɛ:]
taglio (m)	sny	[snaj]
tagliarsi (vr)	jouself sny	[jæusɛlf snaj]
emorragia (f)	bloeding	[bludiŋ]
scottatura (f)	brandwond	[brant·vont]
scottarsi (vr)	jouself brand	[jæusɛlf brant]
pungere (vt)	prik	[prik]
pungersi (vr)	jouself prik	[jæusɛlf prik]
ferire (vt)	seermaak	[seərmāk]
ferita (f)	besering	[beseriŋ]
lesione (f)	wond	[vont]
trauma (m)	trauma	[trouma]
delirare (vi)	yl	[ajl]
tartagliare (vi)	stotter	[stottər]
colpo (m) di sole	sonsteek	[sɔŋ·steək]

49. Sintomi. Cure. Parte 2

dolore (m), male (m)	pyn	[pajn]
scheggia (f)	splinter	[splintər]
sudore (m)	sweet	[sweet]
sudare (vi)	sweet	[sweet]
vomito (m)	braak	[brāk]
convulsioni (f pl)	stuiptrekkings	[stœip·trɛkkiŋs]
incinta (agg)	swanger	[swaŋər]
nascere (vi)	gebore word	[xeborə vort]
parto (m)	geboorte	[xeboərtə]
essere in travaglio di parto	baar	[bār]
aborto (m)	aborsie	[aborsi]
respirazione (f)	asemhaling	[asemhaliŋ]
inspirazione (f)	inaseming	[inasemiŋ]
espirazione (f)	uitaseming	[œitasemiŋ]
espirare (vi)	uitasem	[œitasem]
inspirare (vi)	inasem	[inasem]
invalido (m)	invalide	[infalidə]
storpio (m)	kreupel	[krøəpəl]
drogato (m)	dwelmslaaf	[dwɛlm·slāf]
sordo (agg)	doof	[doəf]

muto (agg)	stom	[stom]
sordomuto (agg)	doofstom	[doəf·stom]
matto (agg)	swaksinnig	[swaksinnəχ]
matto (m)	kranksinnige	[kranksinniχə]
matta (f)	kranksinnige	[kranksinniχə]
impazzire (vi)	kranksinnig word	[kranksinnəχ vort]
gene (m)	geen	[χeən]
immunità (f)	immuniteit	[immunitæjt]
ereditario (agg)	erflik	[ɛrflik]
innato (agg)	aangebore	[ānχəborə]
virus (m)	virus	[firus]
microbo (m)	mikrobe	[mikrobə]
batterio (m)	bakterie	[bakteri]
infezione (f)	infeksie	[infeksi]

50. Sintomi. Cure. Parte 3

ospedale (m)	hospitaal	[hospitāl]
paziente (m)	pasiënt	[pasiɛnt]
diagnosi (f)	diagnose	[diaχnosə]
cura (f)	genesing	[χenesiŋ]
trattamento (m)	mediese behandeling	[medisə behandəliŋ]
curarsi (vr)	behandeling kry	[behandəliŋ kraj]
curare (vt)	behandel	[behandəl]
accudire (un malato)	versorg	[fersorχ]
assistenza (f)	versorging	[fersorχiŋ]
operazione (f)	operasie	[operasi]
bendare (vt)	verbind	[ferbint]
fasciatura (f)	verband	[ferbant]
vaccinazione (f)	inenting	[inɛntiŋ]
vaccinare (vt)	inent	[inɛnt]
iniezione (f)	inspuiting	[inspœitiŋ]
attacco (m) (~ epilettico)	aanval	[ānfal]
amputazione (f)	amputasie	[amputasi]
amputare (vt)	amputeer	[amputeər]
coma (m)	koma	[koma]
rianimazione (f)	intensiewe sorg	[intɛnsivə sorχ]
guarire (vi)	herstel	[herstəl]
stato (f) (del paziente)	kondisie	[kondisi]
conoscenza (f)	bewussyn	[bevussajn]
memoria (f)	geheue	[χəhøə]
estrarre (~ un dente)	trek	[trek]
otturazione (f)	vulsel	[fulsəl]
otturare (vt)	vul	[ful]
ipnosi (f)	hipnose	[hipnosə]
ipnotizzare (vt)	hipnotiseer	[hipnotiseər]

51. Medici

medico (m)	dokter	[doktər]
infermiera (f)	verpleegster	[ferpleəx·stər]
medico (m) personale	lyfarts	[lajf·arts]
dentista (m)	tandarts	[tand·arts]
oculista (m)	oogarts	[oəx·arts]
internista (m)	internis	[internis]
chirurgo (m)	chirurg	[ʃirurx]
psichiatra (m)	psigiater	[psixiatər]
pediatra (m)	kinderdokter	[kindər·doktər]
psicologo (m)	sielkundige	[silkundixə]
ginecologo (m)	ginekoloog	[xinekoloəx]
cardiologo (m)	kardioloog	[kardioloəx]

52. Medicinali. Farmaci. Accessori

medicina (f)	medisyn	[medisajn]
rimedio (m)	geneesmiddel	[xeneəs·middəl]
prescrivere (vt)	voorskryf	[foərskrajf]
prescrizione (f)	voorskrif	[foərskrif]
compressa (f)	pil	[pil]
unguento (m)	salf	[salf]
fiala (f)	ampul	[ampul]
pozione (f)	mengsel	[meŋsəl]
sciroppo (m)	stroop	[stroəp]
pillola (f)	pil	[pil]
polverina (f)	poeier	[pujer]
benda (f)	verband	[ferbant]
ovatta (f)	watte	[vattə]
iodio (m)	iodium	[iodium]
cerotto (m)	pleister	[plæjstər]
contagocce (m)	oogdrupper	[oəx·druppər]
termometro (m)	termometer	[termometər]
siringa (f)	spuitnaald	[spœit·nãlt]
sedia (f) a rotelle	rolstoel	[rol·stul]
stampelle (f pl)	krukke	[krukkə]
analgesico (m)	pynstiller	[pajn·stillər]
lassativo (m)	lakseermiddel	[lakseər·middəl]
alcol (m)	spiritus	[spiritus]
erba (f) officinale	geneeskragtige kruie	[xeneəs·kraxtixə krœəie]
d'erbe (infuso ~)	kruie-	[krœie-]

HABITAT UMANO

Città

53. Città. Vita di città

città (f)	stad	[stat]
capitale (f)	hoofstad	[hoəf·stat]
villaggio (m)	dorp	[dorp]
mappa (f) della città	stadskaart	[stats·kārt]
centro (m) della città	sentrum	[sentrum]
sobborgo (m)	voorstad	[foərstat]
suburbano (agg)	voorstedelik	[foərstedelik]
periferia (f)	buitewyke	[bœitəvajkə]
dintorni (m pl)	omgewing	[omχeviŋ]
isolato (m)	stadswyk	[stats·wajk]
quartiere residenziale	woonbuurt	[voənbɪrt]
traffico (m)	verkeer	[ferkeər]
semaforo (m)	robot	[robot]
trasporti (m pl) urbani	openbare vervoer	[openbarə ferfur]
incrocio (m)	kruispunt	[krœis·punt]
passaggio (m) pedonale	sebraoorgang	[sebra·oərχaŋ]
sottopassaggio (m)	voetgangertonnel	[futχaŋər·tonnəl]
attraversare (vt)	oorsteek	[oərsteek]
pedone (m)	voetganger	[futχaŋər]
marciapiede (m)	sypaadjie	[saj·pādʒi]
ponte (m)	brug	[bruχ]
banchina (f)	wal	[val]
fontana (f)	fontein	[fontæjn]
vialetto (m)	laning	[laniŋ]
parco (m)	park	[park]
boulevard (m)	boulevard	[bulefar]
piazza (f)	plein	[plæjn]
viale (m), corso (m)	laan	[lān]
via (f), strada (f)	straat	[strāt]
vicolo (m)	systraat	[saj·strāt]
vicolo (m) cieco	doodloopstraat	[doədloəp·strāt]
casa (f)	huis	[hœis]
edificio (m)	gebou	[χebæʊ]
grattacielo (m)	wolkekrabber	[volkə·krabbər]
facciata (f)	gewel	[χevəl]
tetto (m)	dak	[dak]

finestra (f)	venster	[fɛŋstər]
arco (m)	arkade	[arkadə]
colonna (f)	kolom	[kolom]
angolo (m)	hoek	[huk]
vetrina (f)	uitstalraam	[œitstalrãm]
insegna (f) (di negozi, ecc.)	reklamebord	[reklamə·bort]
cartellone (m)	plakkaat	[plakkãt]
cartellone (m) pubblicitario	reklameplakkaat	[reklamə·plakkãt]
tabellone (m) pubblicitario	aanplakbord	[ãnplakbort]
pattume (m), spazzatura (f)	vullis	[fullis]
pattumiera (f)	vullisbak	[fullis·bak]
sporcare (vi)	rommel strooi	[rommǝl stroj]
discarica (f) di rifiuti	vullishoop	[fullis·hoǝp]
cabina (f) telefonica	telefoonhokkie	[telefoǝn·hokki]
lampione (m)	lamppaal	[lamp·pãl]
panchina (f)	bank	[bank]
poliziotto (m)	polisieman	[polisi·man]
polizia (f)	polisie	[polisi]
mendicante (m)	bedelaar	[bedelãr]
barbone (m)	daklose	[daklosə]

54. Servizi cittadini

negozio (m)	winkel	[vinkəl]
farmacia (f)	apteek	[apteək]
ottica (f)	optisiën	[optisiɛn]
centro (m) commerciale	winkelsentrum	[vinkəl·sentrum]
supermercato (m)	supermark	[supermark]
panetteria (f)	bakkery	[bakkeraj]
fornaio (m)	bakker	[bakkər]
pasticceria (f)	banketbakkery	[banket·bakkeraj]
drogheria (f)	kruidenierswinkel	[krœidenirs·vinkəl]
macelleria (f)	slagter	[slaχtər]
fruttivendolo (m)	groentewinkel	[χruntə·vinkəl]
mercato (m)	mark	[mark]
caffè (m)	koffiekroeg	[koffi·kruχ]
ristorante (m)	restaurant	[restourant]
birreria (f), pub (m)	kroeg	[kruχ]
pizzeria (f)	pizzeria	[pizzeria]
salone (m) di parrucchiere	haarsalon	[hãr·salon]
ufficio (m) postale	poskantoor	[pos·kantoər]
lavanderia (f) a secco	droogskoonmakers	[droəχ·skoən·makers]
studio (m) fotografico	fotostudio	[foto·studio]
negozio (m) di scarpe	skoenwinkel	[skun·vinkəl]
libreria (f)	boekhandel	[buk·handəl]

Italiano	Afrikaans	Pronuncia
negozio (m) sportivo	sportwinkel	[sport·vinkəl]
riparazione (f) di abiti	klereherstelwinkel	[klerə·herstəl·vinkəl]
noleggio (m) di abiti	klereverhuurwinkel	[klerə·ferhɪr·vinkəl]
noleggio (m) di film	videowinkel	[video·vinkəl]
circo (m)	sirkus	[sirkus]
zoo (m)	dieretuin	[dirə·tœin]
cinema (m)	bioskoop	[bioskoəp]
museo (m)	museum	[musøəm]
biblioteca (f)	biblioteek	[biblioteək]
teatro (m)	teater	[teatər]
teatro (m) dell'opera	opera	[opera]
locale notturno (m)	nagklub	[naχ·klup]
casinò (m)	kasino	[kasino]
moschea (f)	moskee	[moskeə]
sinagoga (f)	sinagoge	[sinaχoχə]
cattedrale (f)	katedraal	[katedrāl]
tempio (m)	tempel	[tempəl]
chiesa (f)	kerk	[kerk]
istituto (m)	kollege	[kolledʒ]
università (f)	universiteit	[unifersitæjt]
scuola (f)	skool	[skoəl]
prefettura (f)	stadhuis	[stat·hœis]
municipio (m)	stadhuis	[stat·hœis]
albergo, hotel (m)	hotel	[hotəl]
banca (f)	bank	[bank]
ambasciata (f)	ambassade	[ambassadə]
agenzia (f) di viaggi	reisagentskap	[ræjs·aχentskap]
ufficio (m) informazioni	inligtingskantoor	[inliχtiŋs·kantoər]
ufficio (m) dei cambi	wisselkantoor	[vissəl·kantoər]
metropolitana (f)	metro	[metro]
ospedale (m)	hospitaal	[hospitāl]
distributore (m) di benzina	petrolstasie	[petrol·stasi]
parcheggio (m)	parkeerterrein	[parkeər·terræjn]

55. Cartelli

Italiano	Afrikaans	Pronuncia
insegna (f) (di negozi, ecc.)	reklamebord	[reklamə·bort]
iscrizione (f)	kennisgewing	[kɛnnis·χeviŋ]
cartellone (m)	plakkaat	[plakkāt]
segnale (m) di direzione	rigtingwyser	[riχtiŋ·wajsər]
freccia (f)	pyl	[pajl]
avvertimento (m)	waarskuwing	[vārskuviŋ]
avviso (m)	waarskuwingsbord	[vārskuviŋs·bort]
avvertire, avvisare (vt)	waarsku	[vārsku]
giorno (m) di riposo	rusdag	[rusdaχ]

| orario (m) | diensrooster | [diŋs·roəstər] |
| orario (m) di apertura | besigheidsure | [besiχæjts·urə] |

BENVENUTI!	WELKOM!	[vɛlkom!]
ENTRATA	INGANG	[inχaŋ]
USCITA	UITGANG	[œitχaŋ]

SPINGERE	STOOT	[stoət]
TIRARE	TREK	[trek]
APERTO	OOP	[oəp]
CHIUSO	GESLUIT	[χeslœit]

| DONNE | DAMES | [dames] |
| UOMINI | MANS | [maŋs] |

SCONTI	AFSLAG	[afslaχ]
SALDI	UITVERKOPING	[œitferkopiŋ]
NOVITÀ!	NUUT!	[nɪt!]
GRATIS	GRATIS	[χratis]

ATTENZIONE!	PAS OP!	[pas op!]
COMPLETO	VOLBESPREEK	[folbespreək]
RISERVATO	BESPREEK	[bespreək]

| AMMINISTRAZIONE | ADMINISTRASIE | [administrasi] |
| RISERVATO AL PERSONALE | SLEGS PERSONEEL | [sleχs personeəl] |

ATTENTI AL CANE	PAS OP VIR DIE HOND!	[pas op fir di hont!]
VIETATO FUMARE!	ROOK VERBODE	[roək ferbodə]
NON TOCCARE	NIE AANRAAK NIE!	[ni ānrāk ni!]

PERICOLOSO	GEVAARLIK	[χefārlik]
PERICOLO	GEVAAR	[χefār]
ALTA TENSIONE	HOOGSPANNING	[hoəχ·spanniŋ]
DIVIETO DI BALNEAZIONE	NIE SWEM NIE	[ni swem ni]
GUASTO	BUITE WERKING	[bœitə verkiŋ]

INFIAMMABILE	ONTVLAMBAAR	[ontflambār]
VIETATO	VERBODE	[ferbodə]
VIETATO L'INGRESSO	TOEGANG VERBODE!	[tuχaŋ ferbode!]
VERNICE FRESCA	NAT VERF	[nat ferf]

56. Mezzi pubblici in città

autobus (m)	bus	[bus]
tram (m)	trem	[trem]
filobus (m)	trembus	[trembus]
itinerario (m)	busroete	[bus·rutə]
numero (m)	nommer	[nommər]

andare in ...	ry per ...	[raj pər ...]
salire (~ sull'autobus)	inklim	[inklim]
scendere da ...	uitklim ...	[œitklim ...]

fermata (f) (~ dell'autobus)	halte	[haltə]
prossima fermata (f)	volgende halte	[folxendə haltə]
capolinea (m)	eindpunt	[æjnd·punt]
orario (m)	diensrooster	[diŋs·roəstər]
aspettare (vt)	wag	[vax]
biglietto (m)	kaartjie	[kārki]
prezzo (m) del biglietto	reistarief	[ræjs·tarif]
cassiere (m)	kaartjieverkoper	[kārki·ferkopər]
controllo (m) dei biglietti	kaartjiekontrole	[kārki·kontrolə]
bigliettaio (m)	kontroleur	[kontroləər]
essere in ritardo	laat wees	[lāt veəs]
perdere (~ il treno)	mis	[mis]
avere fretta	haastig wees	[hāstəx veəs]
taxi (m)	taxi	[taksi]
taxista (m)	taxibestuurder	[taksi·bestɪrdər]
in taxi	per taxi	[pər taksi]
parcheggio (m) di taxi	taxistaanplek	[taksi·stānplek]
traffico (m)	verkeer	[ferkeər]
ingorgo (m)	verkeersknoop	[ferkeərs·knoəp]
ore (f pl) di punta	spitsuur	[spits·ɪr]
parcheggiarsi (vr)	parkeer	[parkeər]
parcheggiare (vt)	parkeer	[parkeər]
parcheggio (m)	parkeerterrein	[parkeər·terræjn]
metropolitana (f)	metro	[metro]
stazione (f)	stasie	[stasi]
prendere la metropolitana	die metro vat	[di metro fat]
treno (m)	trein	[træjn]
stazione (f) ferroviaria	treinstasie	[træjn·stasi]

57. Visita turistica

monumento (m)	monument	[monument]
fortezza (f)	fort	[fort]
palazzo (m)	paleis	[palæjs]
castello (m)	kasteel	[kasteəl]
torre (f)	toring	[toriŋ]
mausoleo (m)	mausoleum	[mɔusoləəm]
architettura (f)	argitektuur	[arxitektɪr]
medievale (agg)	Middeleeus	[middeliʊs]
antico (agg)	oud	[æʊt]
nazionale (agg)	nasionaal	[naʃionāl]
famoso (agg)	bekend	[bekent]
turista (m)	toeris	[turis]
guida (f)	gids	[xids]
escursione (f)	uitstappie	[œitstappi]
fare vedere	wys	[vajs]

raccontare (vt)	vertel	[fertəl]
trovare (vt)	vind	[fint]
perdersi (vr)	verdwaal	[ferdwāl]
mappa (f) (~ della metropolitana)	kaart	[kārt]
piantina (f) (~ della città)	kaart	[kārt]
souvenir (m)	aandenking	[āndenkiŋ]
negozio (m) di articoli da regalo	geskenkwinkel	[χeskɛnk·vinkəl]
fare foto	fotografeer	[fotoχrafeər]
fotografarsi	jou portret laat maak	[jæʊ portret lāt māk]

58. Acquisti

comprare (vt)	koop	[koəp]
acquisto (m)	aankoop	[ānkoəp]
fare acquisti	inkopies doen	[inkopis dun]
shopping (m)	inkoop	[inkoəp]
essere aperto (negozio)	oop wees	[oəp veəs]
essere chiuso	toe wees	[tu veəs]
calzature (f pl)	skoeisel	[skuisəl]
abbigliamento (m)	klere	[klerə]
cosmetica (f)	kosmetika	[kosmetika]
alimentari (m pl)	voedingsware	[fudiŋs·warə]
regalo (m)	present	[present]
commesso (m)	verkoper	[ferkopər]
commessa (f)	verkoopsdame	[ferkoəps·damə]
cassa (f)	kassier	[kassir]
specchio (m)	spieël	[spiɛl]
banco (m)	toonbank	[toən·bank]
camerino (m)	paskamer	[pas·kamər]
provare (~ un vestito)	aanpas	[ānpas]
stare bene (vestito)	pas	[pas]
piacere (vi)	hou van	[hæʊ fan]
prezzo (m)	prys	[prajs]
etichetta (f) del prezzo	pryskaartjie	[prajs·kārki]
costare (vt)	kos	[kos]
Quanto?	Hoeveel?	[hufeəl?]
sconto (m)	afslag	[afslaχ]
no muy caro (agg)	billik	[billik]
a buon mercato	goedkoop	[χudkoəp]
caro (agg)	duur	[dɪr]
È caro	dis duur	[dis dɪr]
noleggio (m)	verhuur	[ferhɪr]
noleggiare (~ un abito)	verhuur	[ferhɪr]

credito (m)	krediet	[kredit]
a credito	op krediet	[op kredit]

59. Denaro

soldi (m pl)	geld	[χɛlt]
cambio (m)	valutaruil	[faluta·rœil]
corso (m) di cambio	wisselkoers	[vissəl·kurs]
bancomat (m)	OTM	[o·te·em]
moneta (f)	muntstuk	[muntstuk]
dollaro (m)	dollar	[dollar]
euro (m)	euro	[øəro]
lira (f)	lira	[lira]
marco (m)	Duitse mark	[dœitsə mark]
franco (m)	frank	[frank]
sterlina (f)	pond sterling	[pont sterliŋ]
yen (m)	yen	[jɛn]
debito (m)	skuld	[skult]
debitore (m)	skuldenaar	[skuldenār]
prestare (~ i soldi)	uitleen	[œitleən]
prendere in prestito	leen	[leən]
banca (f)	bank	[bank]
conto (m)	rekening	[rekəniŋ]
versare (vt)	deponeer	[deponeər]
prelevare dal conto	trek	[trek]
carta (f) di credito	kredietkaart	[kredit·kārt]
contanti (m pl)	kontant	[kontant]
assegno (m)	tjek	[tʃek]
libretto (m) di assegni	tjekboek	[tʃek·buk]
portafoglio (m)	beursie	[bøərsi]
borsellino (m)	muntstukbeursie	[muntstuk·bøərsi]
cassaforte (f)	brandkas	[brant·kas]
erede (m)	erfgenaam	[ɛrfχənām]
eredità (f)	erfenis	[ɛrfenis]
fortuna (f)	fortuin	[fortœin]
affitto (m), locazione (f)	huur	[hɪr]
canone (m) d'affitto	huur	[hɪr]
affittare (dare in affitto)	huur	[hɪr]
prezzo (m)	prys	[prajs]
costo (m)	prys	[prajs]
somma (f)	som	[som]
spendere (vt)	spandeer	[spandeər]
spese (f pl)	onkoste	[onkostə]
economizzare (vi, vt)	besuinig	[besœinəχ]

economico (agg)	ekonomies	[ɛkonomis]
pagare (vi, vt)	betaal	[betāl]
pagamento (m)	betaling	[betaliŋ]
resto (m) (dare il ~)	wisselgeld	[vissəl·χɛlt]
imposta (f)	belasting	[belastiŋ]
multa (f), ammenda (f)	boete	[butə]
multare (vt)	beboet	[bebut]

60. Posta. Servizio postale

ufficio (m) postale	poskantoor	[pos·kantoər]
posta (f) (lettere, ecc.)	pos	[pos]
postino (m)	posbode	[pos·bodə]
orario (m) di apertura	besigheidsure	[besiχæjts·urə]
lettera (f)	brief	[brif]
raccomandata (f)	geregistreerde brief	[χereχistreərdə brif]
cartolina (f)	poskaart	[pos·kārt]
telegramma (m)	telegram	[teleχram]
pacco (m) postale	pakkie	[pakki]
vaglia (m) postale	geldoorplasing	[χɛld·oərplasiŋ]
ricevere (vt)	ontvang	[ontfaŋ]
spedire (vt)	stuur	[stɪr]
invio (m)	versending	[fersendiŋ]
indirizzo (m)	adres	[adres]
codice (m) postale	poskode	[pos·kodə]
mittente (m)	sender	[sendər]
destinatario (m)	ontvanger	[ontfaŋər]
nome (m)	voornaam	[foərnām]
cognome (m)	van	[fan]
tariffa (f)	postarief	[pos·tarif]
ordinario (agg)	standaard	[standārt]
standard (agg)	ekonomies	[ɛkonomis]
peso (m)	gewig	[χeveχ]
pesare (vt)	weeg	[veəχ]
busta (f)	koevert	[kufert]
francobollo (m)	posseël	[pos·seɛl]

Abitazione. Casa

61. Casa. Elettricità

elettricità (f)	krag, elektrisiteit	[kraχ], [elektrisitæjt]
lampadina (f)	gloeilamp	[χlui·lamp]
interruttore (m)	skakelaar	[skakəlãr]
fusibile (m)	sekering	[sekəriŋ]
filo (m)	kabel	[kabəl]
impianto (m) elettrico	bedrading	[bedradiŋ]
contatore (m) dell'elettricità	kragmeter	[kraχ·metər]
lettura, indicazione (f)	lesings	[lesiŋs]

62. Villa. Palazzo

casa (f) di campagna	buitewoning	[bœitə·voniŋ]
villa (f)	landhuis	[land·hœis]
ala (f)	vleuel	[fløəəl]
giardino (m)	tuin	[tœin]
parco (m)	park	[park]
serra (f)	tropiese kweekhuis	[tropisə kweek·hœis]
prendersi cura (~ del giardino)	versorg	[fersorχ]
piscina (f)	swembad	[swem·bat]
palestra (f)	gim	[χim]
campo (m) da tennis	tennisbaan	[tɛnnis·bãn]
home cinema (m)	huisteater	[hœis·teatər]
garage (m)	garage	[χaraʒə]
proprietà (f) privata	privaat besit	[prifãt besit]
terreno (m) privato	privaateiendom	[prifãt·æjendom]
avvertimento (m)	waarskuwing	[vãrskuviŋ]
cartello (m) di avvertimento	waarskuwingsbord	[vãrskuviŋs·bort]
sicurezza (f)	sekuriteit	[sekuritæjt]
guardia (f) giurata	veiligheidswag	[fæjliχæjts·waχ]
allarme (f) antifurto	diefalarm	[dif·alarm]

63. Appartamento

appartamento (m)	woonstel	[voəŋstəl]
camera (f), stanza (f)	kamer	[kamər]

camera (f) da letto	slaapkamer	[slāp·kamər]
sala (f) da pranzo	eetkamer	[eet·kamər]
salotto (m)	sitkamer	[sit·kamər]
studio (m)	studeerkamer	[studeer·kamər]

ingresso (m)	ingangsportaal	[inxaŋs·portāl]
bagno (m)	badkamer	[bad·kamər]
gabinetto (m)	toilet	[tojlet]

soffitto (m)	plafon	[plafon]
pavimento (m)	vloer	[flur]
angolo (m)	hoek	[huk]

64. Arredamento. Interno

mobili (m pl)	meubels	[møəbɛls]
tavolo (m)	tafel	[tafel]
sedia (f)	stoel	[stul]
letto (m)	bed	[bet]
divano (m)	rusbank	[rusbank]
poltrona (f)	gemakstoel	[χemak·stul]

| libreria (f) | boekkas | [buk·kas] |
| ripiano (m) | rak | [rak] |

armadio (m)	klerekas	[klerə·kas]
attaccapanni (m) da parete	kapstok	[kapstok]
appendiabiti (m) da terra	kapstok	[kapstok]

| comò (m) | laaikas | [lājkas] |
| tavolino (m) da salotto | koffietafel | [koffi·tafəl] |

specchio (m)	spieël	[spiɛl]
tappeto (m)	mat	[mat]
tappetino (m)	matjie	[maki]

camino (m)	vuurherd	[fɪr·hert]
candela (f)	kers	[kers]
candeliere (m)	kandelaar	[kandelār]

tende (f pl)	gordyne	[χordajnə]
carta (f) da parati	muurpapier	[mɪr·papir]
tende (f pl) alla veneziana	blindings	[blindiŋs]

| lampada (f) da tavolo | tafellamp | [tafel·lamp] |
| lampada (f) da parete | muurlamp | [mɪr·lamp] |

| lampada (f) a stelo | staanlamp | [stān·lamp] |
| lampadario (m) | kroonlugter | [kroən·luχtər] |

gamba (f)	poot	[poət]
bracciolo (m)	armleuning	[arm·løəniŋ]
spalliera (f)	rugleuning	[ruχ·løəniŋ]
cassetto (m)	laai	[lāi]

65. Biancheria da letto

biancheria (f) da letto	beddegoed	[beddə·χut]
cuscino (m)	kussing	[kussiŋ]
federa (f)	kussingsloop	[kussiŋ·sloəp]
coperta (f)	duvet	[dufet]
lenzuolo (m)	laken	[laken]
copriletto (m)	bedsprei	[bed·spræj]

66. Cucina

cucina (f)	kombuis	[kombœis]
gas (m)	gas	[χas]
fornello (m) a gas	gasstoof	[χas·stoəf]
fornello (m) elettrico	elektriese stoof	[elektrisə stoəf]
forno (m)	oond	[oent]
forno (m) a microonde	mikrogolfoond	[mikroχolf·oent]
frigorifero (m)	yskas	[ajs·kas]
congelatore (m)	vrieskas	[friskas]
lavastoviglie (f)	skottelgoedwasser	[skottɛlχud·wassər]
tritacarne (m)	vleismeul	[flæjs·møəl]
spremifrutta (m)	versapper	[fersappər]
tostapane (m)	broodrooster	[broəd·roəstər]
mixer (m)	menger	[meŋər]
macchina (f) da caffè	koffiemasjien	[koffi·maʃin]
caffettiera (f)	koffiepot	[koffi·pot]
macinacaffè (m)	koffiemeul	[koffi·møəl]
bollitore (m)	fluitketel	[flœit·ketəl]
teiera (f)	teepot	[teə·pot]
coperchio (m)	deksel	[deksəl]
colino (m) da tè	teesiffie	[teə·siffi]
cucchiaio (m)	lepel	[lepəl]
cucchiaino (m) da tè	teelepeltjie	[teə·lepəlki]
cucchiaio (m)	soplepel	[sop·lepəl]
forchetta (f)	vurk	[furk]
coltello (m)	mes	[mes]
stoviglie (f pl)	tafelgerei	[tafel·χeræj]
piatto (m)	bord	[bort]
piattino (m)	piering	[piriŋ]
cicchetto (m)	likeurglas	[likøər·χlas]
bicchiere (m) (~ d'acqua)	glas	[χlas]
tazzina (f)	koppie	[koppi]
zuccheriera (f)	suikerpot	[sœikər·pot]
saliera (f)	soutvaatjie	[sæut·fāki]
pepiera (f)	pepervaatjie	[pepər·fāki]

burriera (f)	botterbakkie	[bottər·bakki]
pentola (f)	soppot	[sop·pot]
padella (f)	braaipan	[brāj·pan]
mestolo (m)	opskeplepel	[opskep·lepəl]
colapasta (m)	vergiet	[ferχit]
vassoio (m)	skinkbord	[skink·bort]
bottiglia (f)	bottel	[bottəl]
barattolo (m) di vetro	fles	[fles]
latta, lattina (f)	blikkie	[blikki]
apribottiglie (m)	botteloopmaker	[bottəl·oəpmakər]
apriscatole (m)	blikoopmaker	[blik·oəpmakər]
cavatappi (m)	kurktrekker	[kurk·trɛkkər]
filtro (m)	filter	[filtər]
filtrare (vt)	filter	[filtər]
spazzatura (f)	vullis	[fullis]
pattumiera (f)	vullisbak	[fullis·bak]

67. Bagno

bagno (m)	badkamer	[bad·kamər]
acqua (f)	water	[vatər]
rubinetto (m)	kraan	[krān]
acqua (f) calda	warme water	[varmə vatər]
acqua (f) fredda	koue water	[kæʊə vatər]
dentifricio (m)	tandepasta	[tandə·pasta]
lavarsi i denti	tande borsel	[tandə borsəl]
spazzolino (m) da denti	tandeborsel	[tandə·borsəl]
rasarsi (vr)	skeer	[skeər]
schiuma (f) da barba	skeerroom	[skeər·roəm]
rasoio (m)	skeermes	[skeər·mes]
lavare (vt)	was	[vas]
fare un bagno	bad	[bat]
doccia (f)	stort	[stort]
fare una doccia	stort	[stort]
vasca (f) da bagno	bad	[bat]
water (m)	toilet	[tojlet]
lavandino (m)	wasbak	[vas·bak]
sapone (m)	seep	[seəp]
porta (m) sapone	seepbakkie	[seəp·bakki]
spugna (f)	spons	[spoŋs]
shampoo (m)	sjampoe	[ʃampu]
asciugamano (m)	handdoek	[handduk]
accappatoio (m)	badjas	[batjas]
bucato (m)	was	[vas]
lavatrice (f)	wasmasjien	[vas·maʃin]

fare il bucato	**die wasgoed was**	[di vasχut vas]
detersivo (m) per il bucato	**waspoeier**	[vas·pujer]

68. Elettrodomestici

televisore (m)	**TV-stel**	[te·fe·stəl]
registratore (m) a nastro	**bandspeler**	[band·spelər]
videoregistratore (m)	**videomasjien**	[video·maʃin]
radio (f)	**radio**	[radio]
lettore (m)	**speler**	[spelər]
videoproiettore (m)	**videoprojektor**	[video·projektor]
home cinema (m)	**tuisfliekteater**	[tœis·flik·teatər]
lettore (m) DVD	**DVD-speler**	[de·fe·de·spelər]
amplificatore (m)	**versterker**	[fersterkər]
console (f) video giochi	**videokonsole**	[video·kɔŋsolə]
videocamera (f)	**videokamera**	[video·kamera]
macchina (f) fotografica	**kamera**	[kamera]
fotocamera (f) digitale	**digitale kamera**	[diχitalə kamera]
aspirapolvere (m)	**stofsuier**	[stof·sœiər]
ferro (m) da stiro	**strykyster**	[strajk·ajstər]
asse (f) da stiro	**strykplank**	[strajk·plank]
telefono (m)	**telefoon**	[telefoən]
telefonino (m)	**selfoon**	[sɛlfoən]
macchina (f) da scrivere	**tikmasjien**	[tik·maʃin]
macchina (f) da cucire	**naaimasjien**	[naj·maʃin]
microfono (m)	**mikrofoon**	[mikrofoən]
cuffia (f)	**koptelefoon**	[kop·telefoən]
telecomando (m)	**afstandsbeheer**	[afstands·beheər]
CD (m)	**CD**	[se·de]
cassetta (f)	**kasset**	[kasset]
disco (m) (vinile)	**plaat**	[plãt]

ATTIVITÀ UMANA

Lavoro. Affari. Parte 1

69. Ufficio. Lavorare in ufficio

uffici (m pl) (gli ~ della società)	kantoor	[kantoər]
ufficio (m)	kantoor	[kantoər]
portineria (f)	ontvangs	[ontfaŋs]
segretario (m)	sekretaris	[sekretaris]
segretaria (f)	sekretaresse	[sekretarɛssə]
direttore (m)	direkteur	[direktøər]
manager (m)	bestuurder	[bestɪrdər]
contabile (m)	boekhouer	[bukhæʋər]
impiegato (m)	werknemer	[verknemər]
mobili (m pl)	meubels	[møəbɛls]
scrivania (f)	lessenaar	[lɛssenãr]
poltrona (f)	draaistoel	[drãj·stul]
cassettiera (f)	laaikas	[lãjkas]
appendiabiti (m) da terra	kapstok	[kapstok]
computer (m)	rekenaar	[rekənãr]
stampante (f)	drukker	[drukkər]
fax (m)	faksmasjien	[faks·maʃin]
fotocopiatrice (f)	fotostaatmasjien	[fotostãt·maʃin]
carta (f)	papier	[papir]
cancelleria (f)	kantoorbenodigdhede	[kantoər·benodiχdhedə]
tappetino (m) del mouse	muismatjie	[mœis·maki]
foglio (m)	blaai	[blãi]
cartella (f)	binder	[bindər]
catalogo (m)	katalogus	[kataloχus]
elenco (m) del telefono	telefoongids	[telefoən·χids]
documentazione (f)	dokumentasie	[dokumentasi]
opuscolo (m)	brosjure	[broʃurə]
volantino (m)	strooibiljet	[stroj·biljet]
campione (m)	monsterkaart	[moŋstər·kãrt]
formazione (f)	opleidingsvergadering	[oplæjdiŋs·ferχaderiŋ]
riunione (f)	vergadering	[ferχaderiŋ]
pausa (f) pranzo	middagpouse	[middaχ·pæʋsə]
fare copie	aantal kopieë maak	[ãntal kopiɛ mãk]
telefonare (vi, vt)	bel	[bəl]
rispondere (vi, vt)	antwoord	[antwoərt]
passare (glielo passo)	deursit	[døərsit]

fissare (organizzare)	reël	[reɛl]
dimostrare (vt)	demonstreer	[demɔŋstreər]
essere assente	afwesig wees	[afwesəχ veəs]
assenza (f)	afwesigheid	[afwesiχæjt]

70. Operazioni d'affari. Parte 1

| attività (f) | besigheid | [besiχæjt] |
| occupazione (f) | beroep | [berup] |

ditta (f)	firma	[firma]
compagnia (f)	maatskappy	[mãtskappaj]
corporazione (f)	korporasie	[korporasi]
impresa (f)	onderneming	[ondərnemiŋ]
agenzia (f)	agentskap	[aχentskap]

accordo (m)	ooreenkoms	[oəreənkoms]
contratto (m)	kontrak	[kontrak]
affare (m)	transaksie	[traŋsaksi]
ordine (m) (ordinazione)	bestelling	[bestɛlliŋ]
termine (m) dell'accordo	voorwaarde	[foərwārdə]

all'ingrosso	groothandels-	[χroət·handəls-]
all'ingrosso (agg)	groothandels-	[χroət·handəls-]
vendita (f) all'ingrosso	groothandel	[χroət·handəl]
al dettaglio (agg)	kleinhandels-	[klæjn·handəls-]
vendita (f) al dettaglio	kleinhandel	[klæjn·handəl]

concorrente (m)	konkurrent	[konkurrent]
concorrenza (f)	konkurrensie	[konkurreŋsi]
competere (vi)	kompeteer	[kompeteər]

| socio (m), partner (m) | vennoot | [fɛnnoət] |
| partenariato (m) | vennootskap | [fɛnnoətskap] |

crisi (f)	krisis	[krisis]
bancarotta (f)	bankrotskap	[bankrotskap]
fallire (vi)	bankrot speel	[bankrot speəl]
difficoltà (f)	moeilikheid	[muilikhæjt]
problema (m)	probleem	[probleəm]
disastro (m)	katastrofe	[katastrofə]

economia (f)	ekonomie	[ɛkonomi]
economico (agg)	ekonomiese	[ɛkonomisə]
recessione (f) economica	ekonomiese agteruitgang	[ɛkonomisə aχtər·œitχaŋ]

| scopo (m), obiettivo (m) | doel | [dul] |
| incarico (m) | opdrag | [opdraχ] |

commerciare (vi)	handel	[handəl]
rete (f) (~ di distribuzione)	netwerk	[netwerk]
giacenza (f)	voorraad	[foərrāt]
assortimento (m)	reeks	[reəks]
leader (m), capo (m)	leier	[læjer]

grande (agg)	groot	[χroət]
monopolio (m)	monopolie	[monopoli]
teoria (f)	teorie	[teori]
pratica (f)	praktyk	[praktajk]
esperienza (f)	ervaring	[ɛrfariŋ]
tendenza (f)	tendens	[tendɛŋs]
sviluppo (m)	ontwikkeling	[ontwikkeliŋ]

71. Operazioni d'affari. Parte 2

profitto (m)	wins	[vins]
profittevole (agg)	voordelig	[foərdeləχ]
delegazione (f)	delegasie	[deleχasi]
stipendio (m)	salaris	[salaris]
correggere (vt)	korrigeer	[korriχeər]
viaggio (m) d'affari	sakereis	[sakeræjs]
commissione (f)	kommissie	[kommissi]
controllare (vt)	kontroleer	[kontroleər]
conferenza (f)	konferensie	[konferɛŋsi]
licenza (f)	lisensie	[lisɛŋsi]
affidabile (agg)	betroubaar	[betræubãr]
iniziativa (f) (progetto nuovo)	inisiatief	[inisiatif]
norma (f)	norm	[norm]
circostanza (f)	omstandigheid	[omstandiχæjt]
mansione (f)	taak	[tãk]
impresa (f)	organisasie	[orχanisasi]
organizzazione (f)	organisasie	[orχanisasi]
organizzato (agg)	georganiseer	[χeorχaniseər]
annullamento (m)	kansellering	[kaŋsɛlleriŋ]
annullare (vt)	kanselleer	[kaŋsɛlleər]
rapporto (m) (~ ufficiale)	verslag	[ferslaχ]
brevetto (m)	patent	[patent]
brevettare (vt)	patenteer	[patenteər]
pianificare (vt)	beplan	[beplan]
premio (m)	bonus	[bonus]
professionale (agg)	professioneel	[profɛssioneəl]
procedura (f)	prosedure	[prosedurə]
esaminare (~ un contratto)	ondersoek	[ondərsuk]
calcolo (m)	berekening	[berekeniŋ]
reputazione (f)	reputasie	[reputasi]
rischio (m)	risiko	[risiko]
dirigere (~ un'azienda)	beheer	[beheər]
informazioni (f pl)	informasie	[informasi]
proprietà (f)	eiendom	[æjendom]
unione (f) (~ Italiana Vini, ecc.)	unie	[uni]

assicurazione (f) sulla vita	lewensversekering	[lɛvɛŋs·fersekeriŋ]
assicurare (vt)	verseker	[fersekər]
assicurazione (f)	versekering	[fersekeriŋ]

asta (f)	veiling	[fæjliŋ]
avvisare (informare)	laat weet	[lāt veət]
gestione (f)	beheer	[beheər]
servizio (m)	diens	[diŋs]

forum (m)	forum	[forum]
funzionare (vi)	funksioneer	[funksioneər]
stadio (m) (fase)	stadium	[stadium]
giuridico (agg)	regs-	[rɛχs-]
esperto (m) legale	regsgeleerde	[rɛχs·χeleərdə]

72. Attività produttiva. Lavori

stabilimento (m)	fabriek	[fabrik]
fabbrica (f)	fabriek	[fabrik]
officina (f) di produzione	werkplek	[verkplek]
stabilimento (m)	bedryf	[bedrajf]

industria (f)	industrie	[industri]
industriale (agg)	industrieel	[industriəl]
industria (f) pesante	swaar industrie	[swār industri]
industria (f) leggera	ligte industrie	[liχtə industri]

prodotti (m pl)	produkte	[produktə]
produrre (vt)	produseer	[produseər]
materia (f) prima	grondstowwe	[χront·stowə]

caposquadra (m)	voorman	[foərman]
squadra (f)	werkspan	[verks·pan]
operaio (m)	werker	[verkər]

giorno (m) lavorativo	werksdag	[verks·daχ]
pausa (f)	pouse	[pæʊsə]
riunione (f)	vergadering	[ferχaderiŋ]
discutere (~ di un problema)	bespreek	[bespreək]

piano (m)	plan	[plan]
eseguire il piano	die plan uitvoer	[di plan œitfur]
tasso (m) di produzione	produksienorm	[produksi·norm]
qualità (f)	kwaliteit	[kwalitæjt]
controllo (m)	kontrole	[kontrolə]
controllo (m) di qualità	kwaliteitskontrole	[kwalitæjts·kontrolə]

sicurezza (f) sul lavoro	werkplekveiligheid	[verkplek·fæjliχæjt]
disciplina (f)	dissipline	[dissiplinə]
infrazione (f)	oortreding	[oərtrediŋ]
violare (~ le regole)	oortree	[oərtreə]

| sciopero (m) | staking | [stakiŋ] |
| scioperante (m) | staker | [stakər] |

Italiano	Afrikaans	Pronuncia
fare sciopero	staak	[stāk]
sindacato (m)	vakbond	[fakbont]
inventare (vt)	uitvind	[œitfint]
invenzione (f)	uitvinding	[œitfindiŋ]
ricerca (f)	navorsing	[naforsiŋ]
migliorare (vt)	verbeter	[ferbetər]
tecnologia (f)	tegnologie	[teχnoloχi]
disegno (m) tecnico	tegniese tekening	[teχnisə tekəniŋ]
carico (m)	vrag	[fraχ]
caricatore (m)	laaier	[lājer]
caricare (~ un camion)	laai	[lāi]
caricamento (m)	laai	[lāi]
scaricare (vt)	uitlaai	[œitlāi]
scarico (m)	uitlaai	[œitlāi]
trasporto (m)	vervoer	[ferfur]
società (f) di trasporti	vervoermaatskappy	[ferfur·mātskappaj]
trasportare (vt)	vervoer	[ferfur]
vagone (m) merci	trok	[trok]
cisterna (f)	tenk	[tɛnk]
camion (m)	vragmotor	[fraχ·motor]
macchina (f) utensile	werktuigmasjien	[verktœiχ·maʃin]
meccanismo (m)	meganisme	[meχanismə]
rifiuti (m pl) industriali	industriële afval	[industriɛlə affal]
imballaggio (m)	verpakking	[ferpakkiŋ]
imballare (vt)	verpak	[ferpak]

73. Contratto. Accordo

Italiano	Afrikaans	Pronuncia
contratto (m)	kontrak	[kontrak]
accordo (m)	ooreenkoms	[oəreənkoms]
allegato (m)	addendum	[addendum]
firma (f)	handtekening	[hand·tekəniŋ]
firmare (vt)	onderteken	[ondərtekən]
timbro (m) (su documenti)	stempel	[stempəl]
oggetto (m) del contratto	onderwerp van ooreenkoms	[ondərwerp fan oəreənkoms]
clausola (f)	klousule	[klæusulə]
parti (f pl) (in un contratto)	partye	[partaje]
sede (f) legale	wetlike adres	[vetlikə adres]
sciogliere un contratto	die kontrak verbreek	[di kontrak ferbreək]
obbligo (m)	verpligting	[ferpliχtiŋ]
responsabilità (f)	verantwoordelikheid	[ferant·voərdelikhæjt]
forza (f) maggiore	oormag	[oərmaχ]
discussione (f)	geskil	[χeskil]
sanzioni (f pl)	boete	[butə]

74. Import-export

importazione (f)	invoer	[infur]
importatore (m)	invoerder	[infurdər]
importare (vt)	invoer	[infur]
d'importazione (agg)	invoer-	[infur-]
esportazione (f)	uitvoer	[œitfur]
esportatore (m)	uitvoerder	[œitfurdər]
esportare (vt)	uitvoer	[œitfur]
d'esportazione (agg)	uitvoer-	[œitfur-]
merce (f)	goedere	[χuderə]
carico (m)	besending	[besendiŋ]
peso (m)	gewig	[χevəχ]
volume (m)	volume	[folumə]
metro (m) cubo	kubieke meter	[kubikə metər]
produttore (m)	produsent	[produsent]
società (f) di trasporti	vervoermaatskappy	[ferfur·mãtskappaj]
container (m)	houer	[hæʊər]
frontiera (f)	grens	[χrɛŋs]
dogana (f)	doeane	[duanə]
dazio (m) doganale	doeanereg	[duanə·reχ]
doganiere (m)	doeanebeampte	[duanə·beamptə]
contrabbando (m)	smokkel	[smokkəl]
merci (f pl) contrabbandate	smokkelgoed	[smokkəl·χut]

75. Mezzi finanziari

azione (f)	aandeel	[ãndeəl]
obbligazione (f)	obligasie	[obliχasi]
cambiale (f)	promesse	[promɛssə]
borsa (f)	beurs	[bøərs]
quotazione (f)	aandeelkoers	[ãndeəl·kurs]
diminuire di prezzo	daal	[dãl]
aumentare di prezzo	styg	[stajχ]
quota (f)	aandeel	[ãndeəl]
pacchetto (m) di maggioranza	meerderheidsbelang	[meərderhæjts·belaŋ]
investimento (m)	belegging	[beleχχiŋ]
investire (vt)	belê	[belɛ:]
percento (m)	persent	[persent]
interessi (m pl) (su investimenti)	rente	[rentə]
profitto (m)	wins	[vins]
redditizio (agg)	voordelig	[foərdeləχ]

imposta (f)	belasting	[belastiŋ]
valuta (f) (~ estera)	valuta	[faluta]
nazionale (agg)	nasionaal	[naʃionāl]
cambio (m) (~ valuta)	wissel	[vissəl]
contabile (m)	boekhouer	[bukhæuər]
ufficio (m) contabilità	boekhouding	[bukhæudiŋ]
bancarotta (f)	bankrotskap	[bankrotskap]
fallimento (m)	ineenstorting	[ineɛŋstortiŋ]
rovina (f)	bankrotskap	[bankrotskap]
andare in rovina	geruïneer wees	[χeruïneer veəs]
inflazione (f)	inflasie	[inflasi]
svalutazione (f)	devaluasie	[defaluasi]
capitale (m)	kapitaal	[kapitāl]
reddito (m)	inkomste	[inkomstə]
giro (m) di affari	omset	[omset]
risorse (f pl)	hulpbronne	[hulpbronnə]
mezzi (m pl) finanziari	monetêre hulpbronne	[monetærə hulpbronnə]
spese (f pl) generali	oorhoofse koste	[oərhoəfsə kostə]
ridurre (~ le spese)	verminder	[fermindər]

76. Marketing

marketing (m)	bemarking	[bemarkiŋ]
mercato (m)	mark	[mark]
segmento (m) di mercato	marksegment	[mark·seχment]
prodotto (m)	produk	[produk]
merce (f)	goedere	[χudərə]
marca (f)	merk	[merk]
marchio (m) di fabbrica	handelsmerk	[handəls·merk]
logotipo (m)	logo	[loχo]
logo (m)	logo	[loχo]
domanda (f)	vraag	[frāχ]
offerta (f)	aanbod	[ānbot]
bisogno (m)	behoefte	[behuftə]
consumatore (m)	verbruiker	[ferbrœikər]
analisi (f)	analise	[analisə]
analizzare (vt)	analiseer	[analiseər]
posizionamento (m)	plasing	[plasiŋ]
posizionare (vt)	plaas	[plās]
prezzo (m)	prys	[prajs]
politica (f) dei prezzi	prysbeleid	[prajs·belæjt]
determinazione (f) dei prezzi	prysvorming	[prajs·formiŋ]

77. Pubblicità

pubblicità (f)	reklame	[reklamə]
pubblicizzare (vt)	adverteer	[adferteər]
bilancio (m) (budget)	begroting	[beχrotiŋ]
annuncio (m)	advertensie	[adfertɛŋsi]
pubblicità (f) televisiva	TV-advertensie	[te·fe-adfertɛŋsi]
pubblicità (f) radiofonica	radioreklame	[radio·reklamə]
pubblicità (f) esterna	buitereklame	[bœitə·reklamə]
mass media (m pl)	massamedia	[massa·media]
periodico (m)	tydskrif	[tajdskrif]
immagine (f)	imago	[imaχo]
slogan (m)	slagspreuk	[slaχ·sprøək]
motto (m)	motto	[motto]
campagna (f)	veldtog	[fɛldtoχ]
campagna (f) pubblicitaria	reklameveldtog	[reklamə·fɛldtoχ]
gruppo (m) di riferimento	doelgroep	[dul·χrup]
biglietto (m) da visita	besigheidskaartjie	[besiχæjts·kārki]
volantino (m)	strooibiljet	[stroj·biljet]
opuscolo (m)	brosjure	[broʃurə]
pieghevole (m)	pamflet	[pamflet]
bollettino (m)	nuusbrief	[nɪsbrif]
insegna (f) (di negozi, ecc.)	reklamebord	[reklamə·bort]
cartellone (m)	plakkaat	[plakkāt]
tabellone (m) pubblicitario	aanplakbord	[ānplakbort]

78. Attività bancaria

banca (f)	bank	[bank]
filiale (f)	tak	[tak]
consulente (m)	bankklerk	[bank·klerk]
direttore (m)	bestuurder	[bestɪrdər]
conto (m) bancario	bankrekening	[bank·rekəniŋ]
numero (m) del conto	rekeningnommer	[rekəniŋ·nommər]
conto (m) corrente	tjekrekening	[tʃek·rekəniŋ]
conto (m) di risparmio	spaarrekening	[spār·rekəniŋ]
chiudere il conto	die rekening sluit	[di rekəniŋ slœit]
prelevare dal conto	trek	[trek]
deposito (m)	deposito	[deposito]
trasferimento (m) telegrafico	telegrafiese oorplasing	[teleχrafisə oərplasiŋ]
rimettere i soldi	oorplaas	[oərplās]
somma (f)	som	[som]
Quanto?	Hoeveel?	[hufeəl?]

firma (f)	handtekening	[hand·tekəniŋ]
firmare (vt)	onderteken	[ondərtekən]

carta (f) di credito	kredietkaart	[kredit·kãrt]
codice (m)	kode	[kodə]
numero (m) della carta di credito	kredietkaartnommer	[kredit·kãrt·nommər]
bancomat (m)	OTM	[o·te·em]

assegno (m)	tjek	[tʃek]
libretto (m) di assegni	tjekboek	[tʃek·buk]

prestito (m)	lening	[leniŋ]
garanzia (f)	waarborg	[vãrborχ]

79. Telefono. Conversazione telefonica

telefono (m)	telefoon	[telefoən]
telefonino (m)	selfoon	[sɛlfoən]
segreteria (f) telefonica	antwoordmasjien	[antwoərt·maʃin]

telefonare (vi, vt)	bel	[bəl]
chiamata (f)	oproep	[oprup]

Pronto!	Hallo!	[hallo!]
chiedere (domandare)	vra	[fra]
rispondere (vi, vt)	antwoord	[antwoərt]

udire (vt)	hoor	[hoər]
bene	goed	[χut]
male	nie goed nie	[ni χut ni]
disturbi (m pl)	steurings	[støəriŋs]

cornetta (f)	gehoorstuk	[χehoərstuk]
alzare la cornetta	optel	[optəl]
riattaccare la cornetta	afskakel	[afskakəl]

occupato (agg)	besig	[besəχ]
squillare (del telefono)	lui	[lœi]
elenco (m) telefonico	telefoongids	[telefoən·χids]

locale (agg)	lokale	[lokalə]
telefonata (f) urbana	lokale oproep	[lokalə oprup]
interurbano (agg)	langafstand	[lanχ·afstant]
telefonata (f) interurbana	langafstand oproep	[lanχ·afstant oprup]
internazionale (agg)	internasionale	[internaʃionalə]
telefonata (f) internazionale	internasionale oproep	[internaʃionalə oprup]

80. Telefono cellulare

telefonino (m)	selfoon	[sɛlfoən]
schermo (m)	skerm	[skerm]

tasto (m)	knoppie	[knoppi]
scheda SIM (f)	SIMkaart	[sim·kãrt]
pila (f)	battery	[battəraj]
essere scarico	pap wees	[pap veəs]
caricabatteria (m)	batterylaaier	[battəraj·lajer]
menù (m)	spyskaart	[spajs·kãrt]
impostazioni (f pl)	instellings	[instɛliŋs]
melodia (f)	wysie	[vajsi]
scegliere (vt)	kies	[kis]
calcolatrice (f)	sakrekenaar	[sakrekənãr]
segreteria (f) telefonica	stempos	[stem·pos]
sveglia (f)	wekker	[vɛkkər]
contatti (m pl)	kontakte	[kontaktə]
messaggio (m) SMS	SMS	[es·em·es]
abbonato (m)	intekenaar	[intekənãr]

81. Articoli di cancelleria

penna (f) a sfera	bolpen	[bol·pen]
penna (f) stilografica	vulpen	[ful·pen]
matita (f)	potlood	[potloet]
evidenziatore (m)	merkpen	[merk·pen]
pennarello (m)	viltpen	[filt·pen]
taccuino (m)	notaboekie	[nota·buki]
agenda (f)	dagboek	[daχ·buk]
righello (m)	liniaal	[liniãl]
calcolatrice (f)	sakrekenaar	[sakrekənãr]
gomma (f) per cancellare	uitveër	[œitfeɛr]
puntina (f)	duimspyker	[dœim·spajkər]
graffetta (f)	skuifspeld	[skœif·spɛlt]
colla (f)	gom	[χom]
pinzatrice (f)	krammasjien	[kram·maʃin]
perforatrice (f)	ponsmasjien	[pɔŋs·maʃin]
temperamatite (m)	skerpmaker	[skerp·makər]

82. Generi di attività commerciali

servizi (m pl) di contabilità	boekhoudienste	[bukhæu·diŋstə]
pubblicità (f)	reklame	[reklamə]
agenzia (f) pubblicitaria	reklameburo	[reklamə·buro]
condizionatori (m pl) d'aria	lugversorger	[luχfersorχər]
compagnia (f) aerea	lugredery	[luχrederaj]
bevande (f pl) alcoliche	alkoholiese dranke	[alkoholisə drankə]
antiquariato (m)	antiek	[antik]

galleria (f) d'arte	kunsgalery	[kuns·xaleraj]
società (f) di revisione contabile	ouditeursdienste	[æuditøers·diŋstə]
imprese (f pl) bancarie	bankwese	[bankwesə]
bar (m)	kroeg	[kruχ]
salone (m) di bellezza	skoonheidssalon	[skoenhæjts·salon]
libreria (f)	boekhandel	[buk·handəl]
birreria (f)	brouery	[bræuəraj]
business centre (m)	sakesentrum	[sakə·sentrum]
scuola (f) di commercio	besigheidsskool	[besiχæjts·skoəl]
casinò (m)	kasino	[kasino]
edilizia (f)	boubedryf	[bæubedrajf]
consulenza (f)	advieskantoor	[adfis·kantoər]
odontoiatria (f)	tandekliniek	[tandə·klinik]
design (m)	ontwerp	[ontwerp]
farmacia (f)	apteek	[apteək]
lavanderia (f) a secco	droogskoonmakers	[droəχ·skoən·makers]
agenzia (f) di collocamento	arbeidsburo	[arbæjds·buro]
servizi (m pl) finanziari	finansiële dienste	[finaŋsiɛlə diŋstə]
industria (f) alimentare	voedingsware	[fudiŋs·warə]
agenzia (f) di pompe funebri	begrafnisonderneming	[beχrafnis·ondərnemiŋ]
mobili (m pl)	meubels	[møebɛls]
abbigliamento (m)	klerasie	[klerasi]
albergo, hotel (m)	hotel	[hotəl]
gelato (m)	roomys	[roəm·ajs]
industria (f)	industrie	[industri]
assicurazione (f)	versekering	[fersekeriŋ]
internet (f)	internet	[internet]
investimenti (m pl)	investerings	[infesteriŋs]
gioielliere (m)	juwelier	[juvelir]
gioielli (m pl)	juweliersware	[juvelirs·warə]
lavanderia (f)	wassery	[vasseraj]
consulente (m) legale	regsadviseur	[reχs·adfisøər]
industria (f) leggera	ligte industrie	[liχtə industri]
rivista (f)	tydskrif	[tajdskrif]
vendite (f pl) per corrispondenza	posorderbedryf	[pos·order·bedrajf]
medicina (f)	geneesmiddels	[χeneəs·middəls]
cinema (m)	bioskoop	[bioskoəp]
museo (m)	museum	[musøəm]
agenzia (f) di stampa	nuusagentskap	[nɪs·aχentskap]
giornale (m)	koerant	[kurant]
locale notturno (m)	nagklub	[naχ·klup]
petrolio (m)	olie	[oli]
corriere (m) espresso	koerierdienste	[kurir·diŋstə]
farmaci (m pl)	farmasie	[farmasi]
stampa (f) (~ di libri)	drukkery	[drukkəraj]

casa (f) editrice	uitgewery	[œitχəvəraj]
radio (f)	radio	[radio]
beni (m pl) immobili	eiendom	[æjendom]
ristorante (m)	restaurant	[restɔurant]
agenzia (f) di sicurezza	sekuriteitsfirma	[sekuritæjts·firma]
sport (m)	sport	[sport]
borsa (f)	beurs	[bøərs]
negozio (m)	winkel	[vinkəl]
supermercato (m)	supermark	[supermark]
piscina (f)	swembad	[swem·bat]
sartoria (f)	kleremaker	[klerə·makər]
televisione (f)	televisie	[telefisi]
teatro (m)	teater	[teatər]
commercio (m)	handel	[handəl]
mezzi (m pl) di trasporto	vervoer	[ferfur]
viaggio (m)	reisbedryf	[ræjs·bedrajf]
veterinario (m)	veearts	[fee·arts]
deposito, magazzino (m)	pakhuis	[pak·hœis]
trattamento (m) dei rifiuti	afvalinsameling	[affal·insameliŋ]

Lavoro. Affari. Parte 2

83. Spettacolo. Mostra

fiera (f)	skou	[skæʊ]
fiera (f) campionaria	handelsskou	[handəls·skæʊ]
partecipazione (f)	deelneming	[deəlnemiŋ]
partecipare (vi)	deelneem	[deəlneəm]
partecipante (m)	deelnemer	[deəlnemər]
direttore (m)	bestuurder	[bestɪrdər]
ufficio (m) organizzativo	organisasiekantoor	[orχanisasi·kantoər]
organizzatore (m)	organiseerder	[orχaniseərdər]
organizzare (vt)	organiseer	[orχaniseər]
domanda (f) di partecipazione	deelnemingsvorm	[deəlnemiŋs·form]
riempire (vt)	invul	[inful]
dettagli (m pl)	besonderhede	[besondərhedə]
informazione (f)	informasie	[informasi]
prezzo (m)	prys	[prajs]
incluso (agg)	insluitend	[inslœitent]
includere (vt)	insluit	[inslœit]
pagare (vi, vt)	betaal	[betāl]
quota (f) d'iscrizione	registrasiefooi	[reχistrasi·foj]
entrata (f)	ingang	[inχaŋ]
padiglione (m)	paviljoen	[pafiljun]
registrare (vt)	registreer	[reχistreər]
tesserino (m)	lapelkaart	[lapəl·kārt]
stand (m)	stalletjie	[stalləki]
prenotare (riservare)	bespreek	[bespreək]
vetrina (f)	uistalkas	[œistalkas]
faretto (m)	kollig	[kolləχ]
design (m)	ontwerp	[ontwerp]
collocare (vt)	sit	[sit]
collocarsi (vr)	geplaas wees	[χeplās veəs]
distributore (m)	verdeler	[ferdelər]
fornitore (m)	verskaffer	[ferskaffər]
fornire (vt)	verskaf	[ferskaf]
paese (m)	land	[lant]
straniero (agg)	buitelands	[bœitəlands]
prodotto (m)	produk	[produk]
associazione (f)	vereniging	[ferenəχiŋ]
sala (f) conferenze	konferensiesaal	[konferɛnsi·sāl]

congresso (m)	kongres	[kɔnxres]
concorso (m)	wedstryd	[vedstrajt]
visitatore (m)	besoeker	[besukər]
visitare (vt)	besoek	[besuk]
cliente (m)	kliënt	[kliɛnt]

84. Scienza. Ricerca. Scienziati

scienza (f)	wetenskap	[vetɛŋskap]
scientifico (agg)	wetenskaplik	[vetɛŋskaplik]
scienziato (m)	wetenskaplike	[vetɛŋskaplikə]
teoria (f)	teorie	[teori]
assioma (m)	aksioma	[aksioma]
analisi (f)	analise	[analisə]
analizzare (vt)	analiseer	[analiseer]
argomento (m)	argument	[arxument]
sostanza, materia (f)	substansie	[substaŋsi]
ipotesi (f)	hipotese	[hipotesə]
dilemma (m)	dilemma	[dilɛmma]
tesi (f)	proefskrif	[prufskrif]
dogma (m)	dogma	[doxma]
dottrina (f)	doktrine	[doktrinə]
ricerca (f)	navorsing	[naforsiŋ]
fare ricerche	navors	[nafors]
prova (f)	toetse	[tutsə]
laboratorio (m)	laboratorium	[laboratorium]
metodo (m)	metode	[metodə]
molecola (f)	molekule	[molekulə]
monitoraggio (m)	monitering	[moniteriŋ]
scoperta (f)	ontdekking	[ontdɛkkiŋ]
postulato (m)	postulaat	[postulāt]
principio (m)	beginsel	[bexinsəl]
previsione (f)	voorspelling	[foərspɛlliŋ]
fare previsioni	voorspel	[foərspəl]
sintesi (f)	sintese	[sintesə]
tendenza (f)	tendens	[tendɛŋs]
teorema (m)	stelling	[stɛlliŋ]
insegnamento (m)	leer	[leər]
fatto (m)	feit	[fæjt]
spedizione (f)	ekspedisie	[ɛkspedisi]
esperimento (m)	eksperiment	[ɛksperiment]
accademico (m)	akademikus	[akademikus]
laureato (m)	baccalaureus	[bakalourøəs]
dottore (m)	doktor	[doktor]
professore (m) associato	medeprofessor	[medə·profɛssor]

| Master (m) | **Magister** | [maxistər] |
| professore (m) | **professor** | [profɛssor] |

Professioni e occupazioni

85. Ricerca di un lavoro. Licenziamento

lavoro (m)	baantjie	[bānki]
organico (m)	personeel	[personeəl]
personale (m)	personeel	[personeəl]
carriera (f)	loopbaan	[loəpbān]
prospettiva (f)	vooruitsigte	[foərœit·siχtə]
abilità (f pl)	meesterskap	[meəsterskap]
selezione (f) (~ del personale)	seleksie	[seleksi]
agenzia (f) di collocamento	arbeidsburo	[arbæjds·buro]
curriculum vitae (m)	curriculum vitae	[kurrikulum fitaə]
colloquio (m)	werksonderhoud	[werk·ondərhæʊt]
posto (m) vacante	vakature	[fakaturə]
salario (m)	salaris	[salaris]
stipendio (m) fisso	vaste salaris	[fastə salaris]
compenso (m)	loon	[loən]
carica (f), funzione (f)	posisie	[posisi]
mansione (f)	taak	[tāk]
mansioni (f pl) di lavoro	reeks opdragte	[reəks opdraχtə]
occupato (agg)	besig	[besəχ]
licenziare (vt)	afdank	[afdank]
licenziamento (m)	afdanking	[afdankiŋ]
disoccupazione (f)	werkloosheid	[verkloəshæjt]
disoccupato (m)	werkloos	[verkloəs]
pensionamento (m)	pensioen	[pɛnsiun]
andare in pensione	met pensioen gaan	[met pɛnsiun χān]

86. Gente d'affari

direttore (m)	direkteur	[direktøər]
dirigente (m)	bestuurder	[bestɪrdər]
capo (m)	baas	[bās]
superiore (m)	hoof	[hoəf]
capi (m pl)	hoofde	[hoəfdə]
presidente (m)	direkteur	[direktøər]
presidente (m) (impresa)	voorsitter	[foərsittər]
vice (m)	adjunk	[adjunk]
assistente (m)	assistent	[assistent]

Italiano	Afrikaans	Pronuncia
segretario (m)	sekretaris	[sekretaris]
assistente (m) personale	persoonlike assistent	[persoənlike assistent]
uomo (m) d'affari	sakeman	[sakəman]
imprenditore (m)	entrepreneur	[ɛntrəprenøər]
fondatore (m)	stigter	[stiχtər]
fondare (vt)	stig	[stiχ]
socio (m)	stigter	[stiχtər]
partner (m)	vennoot	[fɛnnoət]
azionista (m)	aandeelhouer	[ãndeəl·hæʋər]
milionario (m)	miljoenêr	[miljunær]
miliardario (m)	miljardêr	[miljardær]
proprietario (m)	eienaar	[æjenãr]
latifondista (m)	grondeienaar	[χront·æjenãr]
cliente (m) (di professionista)	kliënt	[kliɛnt]
cliente (m) abituale	vaste kliënt	[fastə kliɛnt]
compratore (m)	koper	[kopər]
visitatore (m)	besoeker	[besukər]
professionista (m)	professioneel	[profɛssioneəl]
esperto (m)	kenner	[kɛnnər]
specialista (m)	spesialis	[spesialis]
banchiere (m)	bankier	[bankir]
broker (m)	makelaar	[makəlãr]
cassiere (m)	kassier	[kassir]
contabile (m)	boekhouer	[bukhæʋər]
guardia (f) giurata	veiligheidswag	[fæjliχæjts·waχ]
investitore (m)	belegger	[beleχər]
debitore (m)	skuldenaar	[skuldenãr]
creditore (m)	krediteur	[kreditøər]
mutuatario (m)	lener	[lenər]
importatore (m)	invoerder	[infurdər]
esportatore (m)	uitvoerder	[œitfurdər]
produttore (m)	produsent	[produsent]
distributore (m)	verdeler	[ferdelər]
intermediario (m)	tussenpersoon	[tussən·persoən]
consulente (m)	raadgewer	[rãt·χevər]
rappresentante (m)	verkoopsagent	[ferkoəps·aχent]
agente (m)	agent	[aχent]
assicuratore (m)	versekeringsagent	[fersəkeriŋs·aχent]

87. Professioni amministrative

Italiano	Afrikaans	Pronuncia
cuoco (m)	kok	[kok]
capocuoco (m)	sjef	[ʃef]

fornaio (m)	bakker	[bakkər]
barista (m)	kroegman	[kruχman]
cameriere (m)	kelner	[kɛlnər]
cameriera (f)	kelnerin	[kɛlnərin]
avvocato (m)	advokaat	[adfokãt]
esperto (m) legale	prokureur	[prokurøər]
notaio (m)	notaris	[notaris]
elettricista (m)	elektrisiën	[ɛlektrisiɛn]
idraulico (m)	loodgieter	[loədχitər]
falegname (m)	timmerman	[timmerman]
massaggiatore (m)	masseerder	[masseərdər]
massaggiatrice (f)	masseerster	[masseərstər]
medico (m)	dokter	[doktər]
taxista (m)	taxibestuurder	[taksi·bestɪrdər]
autista (m)	bestuurder	[bestɪrdər]
fattorino (m)	koerier	[kurir]
cameriera (f)	kamermeisie	[kamər·mæjsi]
guardia (f) giurata	veiligheidswag	[fæjliχæjts·waχ]
hostess (f)	lugwaardin	[luχ·wãrdin]
insegnante (m, f)	onderwyser	[ondərwajsər]
bibliotecario (m)	bibliotekaris	[bibliotekaris]
traduttore (m)	vertaler	[fertalər]
interprete (m)	tolk	[tolk]
guida (f)	gids	[χids]
parrucchiere (m)	haarkapper	[hãr·kappər]
postino (m)	posbode	[pos·bodə]
commesso (m)	verkoper	[ferkopər]
giardiniere (m)	tuinman	[tœin·man]
domestico (m)	bediende	[bedində]
domestica (f)	bediende	[bedində]
donna (f) delle pulizie	skoonmaakster	[skoən·mãkstər]

88. Professioni militari e gradi

soldato (m) semplice	soldaat	[soldãt]
sergente (m)	sersant	[sersant]
tenente (m)	luitenant	[lœitənant]
capitano (m)	kaptein	[kaptæjn]
maggiore (m)	majoor	[majoər]
colonnello (m)	kolonel	[kolonəl]
generale (m)	generaal	[χenerãl]
maresciallo (m)	maarskalk	[mãrskalk]
ammiraglio (m)	admiraal	[admirãl]
militare (m)	leër	[leɛr]
soldato (m)	soldaat	[soldãt]

| ufficiale (m) | offisier | [offisir] |
| comandante (m) | kommandant | [kommandant] |

guardia (f) di frontiera	grenswag	[xrɛŋs·waχ]
marconista (m)	radio-operateur	[radio-operatøər]
esploratore (m)	verkenner	[ferkɛnnər]
geniere (m)	sappeur	[sappøər]
tiratore (m)	skutter	[skuttər]
navigatore (m)	navigator	[nafiχator]

89. Funzionari. Sacerdoti

| re (m) | koning | [koniŋ] |
| regina (f) | koningin | [koniŋin] |

| principe (m) | prins | [prins] |
| principessa (f) | prinses | [prinsəs] |

| zar (m) | tsaar | [tsãr] |
| zarina (f) | tsarina | [tsarina] |

presidente (m)	president	[president]
ministro (m)	minister	[ministər]
primo ministro (m)	eerste minister	[eərstə ministər]
senatore (m)	senator	[senator]

diplomatico (m)	diplomaat	[diplomãt]
console (m)	konsul	[kɔŋsul]
ambasciatore (m)	ambassadeur	[ambassadøər]
consigliere (m)	adviseur	[adfisøər]

funzionario (m)	amptenaar	[amptənar]
prefetto (m)	prefek	[prefek]
sindaco (m)	burgermeester	[burgər·meəstər]

| giudice (m) | regter | [reχtər] |
| procuratore (m) | aanklaer | [ãnklaər] |

missionario (m)	sendeling	[sendəliŋ]
monaco (m)	monnik	[monnik]
abate (m)	ab	[ap]
rabbino (m)	rabbi	[rabbi]

visir (m)	visier	[fisir]
scià (m)	sjah	[ʃah]
sceicco (m)	sjeik	[ʃæjk]

90. Professioni agricole

apicoltore (m)	byeboer	[bajebur]
pastore (m)	herder	[herdər]
agronomo (m)	landboukundige	[landbæu·kundiχə]

allevatore (m) di bestiame	veeteler	[feə·telər]
veterinario (m)	veearts	[feə·arts]
fattore (m)	boer	[bur]
vinificatore (m)	wynmaker	[vajn·makər]
zoologo (m)	dierkundige	[dir·kundiχə]
cowboy (m)	cowboy	[kovboj]

91. Professioni artistiche

attore (m)	akteur	[aktøər]
attrice (f)	aktrise	[aktrisə]
cantante (m)	sanger	[saŋər]
cantante (f)	sangeres	[saŋəres]
danzatore (m)	danser	[daŋsər]
ballerina (f)	danseres	[daŋsəres]
artista (m)	verhoogkunstenaar	[ferhoəχ·kunstənãr]
artista (f)	verhoogkunstenares	[ferhoəχ·kunstənares]
musicista (m)	musikant	[musikant]
pianista (m)	pianis	[pianis]
chitarrista (m)	kitaarspeler	[kitãr·spelər]
direttore (m) d'orchestra	dirigent	[diriχent]
compositore (m)	komponis	[komponis]
impresario (m)	impresario	[impresario]
regista (m)	filmregisseur	[film·reχissøər]
produttore (m)	produsent	[produsent]
sceneggiatore (m)	draaiboekskrywer	[drãjbuk·skrajvər]
critico (m)	kritikus	[kritikus]
scrittore (m)	skrywer	[skrajvər]
poeta (m)	digter	[diχtər]
scultore (m)	beeldhouer	[beəldhæʋər]
pittore (m)	kunstenaar	[kunstenãr]
giocoliere (m)	jongleur	[jonχløər]
pagliaccio (m)	hanswors	[haŋswors]
acrobata (m)	akrobaat	[akrobãt]
prestigiatore (m)	goëlaar	[χoɛlãr]

92. Professioni varie

medico (m)	dokter	[doktər]
infermiera (f)	verpleegster	[ferpleəχ·stər]
psichiatra (m)	psigiater	[psiχiatər]
dentista (m)	tandarts	[tand·arts]
chirurgo (m)	chirurg	[ʃirurχ]

Italiano	Afrikaans	Pronuncia
astronauta (m)	astronout	[astronæʊt]
astronomo (m)	astronoom	[astronoəm]
pilota (m)	piloot	[piloət]
autista (m)	bestuurder	[bestɪrdər]
macchinista (m)	treindrywer	[træjn·drajvər]
meccanico (m)	werktuigkundige	[verktœiχ·kundiχə]
minatore (m)	mynwerker	[majn·werkər]
operaio (m)	werker	[verkər]
operaio (m) metallurgico	slotmaker	[slot·makər]
falegname (m)	skrynwerker	[skrajn·werkər]
tornitore (m)	draaibankwerker	[drājbank·werkər]
operaio (m) edile	bouwerker	[bæʊ·verkər]
saldatore (m)	sweiser	[swæjsər]
professore (m)	professor	[profɛssor]
architetto (m)	argitek	[arχitek]
storico (m)	historikus	[historikus]
scienziato (m)	wetenskaplike	[vetɛŋskaplikə]
fisico (m)	fisikus	[fisikus]
chimico (m)	skeikundige	[skæjkundiχə]
archeologo (m)	argeoloog	[arχeoloəχ]
geologo (m)	geoloog	[χeoloəχ]
ricercatore (m)	navorser	[naforsər]
baby-sitter (m, f)	babasitter	[babasittər]
insegnante (m, f)	onderwyser	[ondərwajsər]
redattore (m)	redakteur	[redaktøər]
redattore capo (m)	hoofredakteur	[hoəf·redaktøər]
corrispondente (m)	korrespondent	[korrespondɛnt]
dattilografa (f)	tikster	[tikstər]
designer (m)	ontwerper	[ontwerpər]
esperto (m) informatico	rekenaarkenner	[rekənār·kɛnnər]
programmatore (m)	programmeur	[proχrammøər]
ingegnere (m)	ingenieur	[inχeniøər]
marittimo (m)	matroos	[matroəs]
marinaio (m)	seeman	[seəman]
soccorritore (m)	redder	[rɛddər]
pompiere (m)	brandweerman	[brantveər·man]
poliziotto (m)	polisieman	[polisi·man]
guardiano (m)	bewaker	[bevakər]
detective (m)	speurder	[spøərdər]
doganiere (m)	doeanebeampte	[duanə·beamptə]
guardia (f) del corpo	lyfwag	[lajf·waχ]
guardia (f) carceraria	tronkbewaarder	[tronk·bevārdər]
ispettore (m)	inspekteur	[inspektøər]
sportivo (m)	sportman	[sportman]
allenatore (m)	breier	[bræjer]

macellaio (m)	slagter	[slaχtər]
calzolaio (m)	skoenmaker	[skun·makər]
uomo (m) d'affari	handelaar	[handəlãr]
caricatore (m)	laaier	[lãjer]

| stilista (m) | modeontwerper | [modə·ontwerpər] |
| modella (f) | model | [modəl] |

93. Attività lavorative. Condizione sociale

| scolaro (m) | skoolseun | [skoəl·søən] |
| studente (m) | student | [student] |

filosofo (m)	filosoof	[filosoəf]
economista (m)	ekonoom	[ɛkonoəm]
inventore (m)	uitvinder	[œitfindər]

disoccupato (m)	werkloos	[verkloəs]
pensionato (m)	pensioentrekker	[pɛnsiun·trɛkkər]
spia (f)	spioen	[spiun]

detenuto (m)	gevangene	[χefaŋənə]
scioperante (m)	staker	[stakər]
burocrate (m)	burokraat	[burokrãt]
viaggiatore (m)	reisiger	[ræjsiχər]

omosessuale (m)	gay	[χaaj]
hacker (m)	kuberkraker	[kubər·krakər]
hippy (m, f)	hippie	[hippi]

bandito (m)	bandiet	[bandit]
sicario (m)	huurmoordenaar	[hɪr·moərdenãr]
drogato (m)	dwelmslaaf	[dwɛlm·slãf]
trafficante (m) di droga	dwelmhandelaar	[dwɛlm·handəlãr]
prostituta (f)	prostituut	[prostitɪt]
magnaccia (m)	pooier	[pojer]

stregone (m)	towenaar	[tovenãr]
strega (f)	heks	[heks]
pirata (m)	piraat, seerower	[pirãt], [seə·rovər]
schiavo (m)	slaaf	[slãf]
samurai (m)	samoerai	[samuraj]
selvaggio (m)	wilde	[vildə]

Istruzione

94. Scuola

scuola (f)	skool	[skoəl]
direttore (m) di scuola	prinsipaal	[prinsipāl]
allievo (m)	leerder	[leərdər]
allieva (f)	leerder	[leərdər]
scolaro (m)	skoolseun	[skoəl·søən]
scolara (f)	skooldogter	[skoəl·doχtər]
insegnare (qn)	leer	[leər]
imparare (una lingua)	leer	[leər]
imparare a memoria	van buite leer	[fan bœitə leər]
studiare (vi)	leer	[leər]
frequentare la scuola	op skool wees	[op skoəl veəs]
andare a scuola	skooltoe gaan	[skoəltu χān]
alfabeto (m)	alfabet	[alfabet]
materia (f)	vak	[fak]
classe (f)	klaskamer	[klas·kamər]
lezione (f)	les	[les]
ricreazione (f)	pouse	[pæʊsə]
campanella (f)	skoolbel	[skoəl·bəl]
banco (m)	skoolbank	[skoəl·bank]
lavagna (f)	bord	[bort]
voto (m)	simbool	[simboəl]
voto (m) alto	goeie punt	[χuje punt]
voto (m) basso	slegte punt	[sleχtə punt]
errore (m)	fout	[fæʊt]
fare errori	foute maak	[fæʊtə māk]
correggere (vt)	korrigeer	[korriχeər]
bigliettino (m)	afskryfbriefie	[afskrajf·brifi]
compiti (m pl)	huiswerk	[hœis·werk]
esercizio (m)	oefening	[ufeniŋ]
essere presente	aanwesig wees	[ānwesəχ veəs]
essere assente	afwesig wees	[afwesəχ veəs]
mancare le lezioni	stokkies draai	[stokkis drāj]
punire (vt)	straf	[straf]
punizione (f)	straf	[straf]
comportamento (m)	gedrag	[χedraχ]
pagella (f)	rapport	[rapport]

matita (f)	potlood	[potloət]
gomma (f) per cancellare	uitveër	[œitfeɛr]
gesso (m)	kryt	[krajt]
astuccio (m) portamatite	potloodsakkie	[potloət·sakki]
cartella (f)	boekesak	[bukə·sak]
penna (f)	pen	[pen]
quaderno (m)	skryfboek	[skrajf·buk]
manuale (m)	handboek	[hand·buk]
compasso (m)	passer	[passər]
disegnare (tracciare)	tegniese tekeninge maak	[teχnisə tekənikə mãk]
disegno (m) tecnico	tegniese tekening	[teχnisə tekəniŋ]
poesia (f)	gedig	[χedəχ]
a memoria	van buite	[fan bœitə]
imparare a memoria	van buite leer	[fan bœitə leər]
vacanze (f pl) scolastiche	skoolvakansie	[skoəl·fakaŋsi]
essere in vacanza	met vakansie wees	[met fakaŋsi veəs]
passare le vacanze	jou vakansie deurbring	[jæʊ fakaŋsi døərbriŋ]
prova (f) scritta	toets	[tuts]
composizione (f)	opstel	[opstəl]
dettato (m)	diktee	[dikteə]
esame (m)	eksamen	[ɛksamen]
esperimento (m)	eksperiment	[ɛksperiment]

95. Istituto superiore. Università

accademia (f)	akademie	[akademi]
università (f)	universiteit	[unifersitæjt]
facoltà (f)	fakulteit	[fakultæjt]
studente (m)	student	[student]
studentessa (f)	student	[student]
docente (m, f)	lektor	[lektor]
aula (f)	lesingsaal	[lesiŋ·sãl]
diplomato (m)	gegradueerde	[χeχradueərdə]
diploma (m)	sertifikaat	[sertifikãt]
tesi (f)	proefskrif	[prufskrif]
ricerca (f)	navorsing	[naforsiŋ]
laboratorio (m)	laboratorium	[laboratorium]
lezione (f)	lesing	[lesiŋ]
compagno (m) di corso	medestudent	[medə·student]
borsa (f) di studio	beurs	[bøərs]
titolo (m) accademico	akademiese graad	[akademisə χrãt]

96. Scienze. Discipline

matematica (f)	wiskunde	[viskundə]
algebra (f)	algebra	[alχebra]
geometria (f)	meetkunde	[meetkundə]
astronomia (f)	astronomie	[astronomi]
biologia (f)	biologie	[bioloχi]
geografia (f)	geografie	[χeoχrafi]
geologia (f)	geologie	[χeoloχi]
storia (f)	geskiedenis	[χeskidenis]
medicina (f)	geneeskunde	[χeneəs·kundə]
pedagogia (f)	pedagogie	[pedaχoχi]
diritto (m)	regte	[reχtə]
fisica (f)	fisika	[fisika]
chimica (f)	chemie	[χemi]
filosofia (f)	filosofie	[filosofi]
psicologia (f)	sielkunde	[silkundə]

97. Sistema di scrittura. Ortografia

grammatica (f)	grammatika	[χrammatika]
lessico (m)	woordeskat	[voərdeskat]
fonetica (f)	fonetika	[fonetika]
sostantivo (m)	selfstandige naamwoord	[sɛlfstandiχə nãmvoərt]
aggettivo (m)	byvoeglike naamwoord	[bajfuχlikə nãmvoərt]
verbo (m)	werkwoord	[verk·voərt]
avverbio (m)	bijwoord	[bij·voərt]
pronome (m)	voornaamwoord	[foərnãm·voərt]
interiezione (f)	tussenwerpsel	[tussən·werpsəl]
preposizione (f)	voorsetsel	[foərsetsəl]
radice (f)	stam	[stam]
desinenza (f)	agtervoegsel	[aχtər·fuχsəl]
prefisso (m)	voorvoegsel	[foər·fuχsəl]
sillaba (f)	lettergreep	[lɛttər·χreəp]
suffisso (m)	agtervoegsel, suffiks	[aχtər·fuχsəl], [suffiks]
accento (m)	klemteken	[klem·tekən]
apostrofo (m)	afkappingsteken	[afkappiŋs·tekən]
punto (m)	punt	[punt]
virgola (f)	komma	[komma]
punto (m) e virgola	kommapunt	[komma·punt]
due punti	dubbelpunt	[dubbəl·punt]
puntini di sospensione	beletselteken	[beletsəl·tekən]
punto (m) interrogativo	vraagteken	[frãχ·tekən]
punto (m) esclamativo	uitroepteken	[œitrup·tekən]

virgolette (f pl)	aanhalingstekens	[ānhaliŋs·tekəŋs]
tra virgolette	tussen aanhalingstekens	[tussən ānhaliŋs·tekəŋs]
parentesi (f pl)	hakies	[hakis]
tra parentesi	tussen hakies	[tussən hakis]
trattino (m)	koppelteken	[koppəl·tekən]
lineetta (f)	strepie	[strepi]
spazio (m) (tra due parole)	spasie	[spasi]
lettera (f)	letter	[lɛttər]
lettera (f) maiuscola	hoofletter	[hoəf·lɛttər]
vocale (f)	klinker	[klinkər]
consonante (f)	konsonant	[kɔŋsonant]
proposizione (f)	sin	[sin]
soggetto (m)	onderwerp	[ondərwerp]
predicato (m)	predikaat	[predikāt]
riga (f)	reël	[reɛl]
capoverso (m)	paragraaf	[paraχrāf]
parola (f)	woord	[voərt]
gruppo (m) di parole	woordgroep	[voərt·χrup]
espressione (f)	uitdrukking	[œitdrukkiŋ]
sinonimo (m)	sinoniem	[sinonim]
antonimo (m)	antoniem	[antonim]
regola (f)	reël	[reɛl]
eccezione (f)	uitsondering	[œitsondəriŋ]
giusto (corretto)	korrek	[korrek]
coniugazione (f)	vervoeging	[ferfuχiŋ]
declinazione (f)	verbuiging	[ferbœəχiŋ]
caso (m) nominativo	naamval	[nāmfal]
domanda (f)	vraag	[frāχ]
sottolineare (vt)	onderstreep	[ondərstreəp]
linea (f) tratteggiata	stippellyn	[stippəl·lajn]

98. Lingue straniere

lingua (f)	taal	[tāl]
straniero (agg)	vreemd	[freəmt]
lingua (f) straniera	vreemde taal	[freəmdə tāl]
studiare (vt)	studeer	[studeər]
imparare (una lingua)	leer	[leər]
leggere (vi, vt)	lees	[leəs]
parlare (vi, vt)	praat	[prāt]
capire (vt)	verstaan	[ferstān]
scrivere (vi, vt)	skryf	[skrajf]
rapidamente	vinnig	[finnəχ]
lentamente	stadig	[stadəχ]

correntemente	vlot	[flot]
regole (f pl)	reëls	[reɛls]
grammatica (f)	grammatika	[xrammatika]
lessico (m)	woordeskat	[voərdeskat]
fonetica (f)	fonetika	[fonetika]
manuale (m)	handboek	[hand·buk]
dizionario (m)	woordeboek	[voərdə·buk]
manuale (m) autodidattico	selfstudie boek	[sɛlfstudi buk]
frasario (m)	taalgids	[tāl·χids]
cassetta (f)	kasset	[kasset]
videocassetta (f)	videoband	[video·bant]
CD (m)	CD	[se·de]
DVD (m)	DVD	[de·fe·de]
alfabeto (m)	alfabet	[alfabet]
compitare (vt)	spel	[spel]
pronuncia (f)	uitspraak	[œitsprāk]
accento (m)	aksent	[aksent]
vocabolo (m)	woord	[voərt]
significato (m)	betekenis	[betekənis]
corso (m) (~ di francese)	kursus	[kursus]
iscriversi (vr)	inskryf	[inskrajf]
insegnante (m, f)	onderwyser	[ondərwajsər]
traduzione (f) (fare una ~)	vertaling	[fertaliŋ]
traduzione (f) (un testo)	vertaling	[fertaliŋ]
traduttore (m)	vertaler	[fertalər]
interprete (m)	tolk	[tolk]
poliglotta (m)	poliglot	[poliχlot]
memoria (f)	geheue	[χəhøə]

Ristorante. Intrattenimento. Viaggi

99. Escursione. Viaggio

turismo (m)	toerisme	[turismə]
turista (m)	toeris	[turis]
viaggio (m) (all'estero)	reis	[ræjs]
avventura (f)	avontuur	[afontɪr]
viaggio (m) (corto)	reis	[ræjs]
vacanza (f)	vakansie	[fakaŋsi]
essere in vacanza	met vakansie wees	[met fakaŋsi veəs]
riposo (m)	rus	[rus]
treno (m)	trein	[træjn]
in treno	per trein	[pər træjn]
aereo (m)	vliegtuig	[flixtœix]
in aereo	per vliegtuig	[pər flixtœix]
in macchina	per motor	[pər motor]
in nave	per skip	[pər skip]
bagaglio (m)	bagasie	[baχasi]
valigia (f)	tas	[tas]
carrello (m)	bagasiekarretjie	[baχasi·karrəki]
passaporto (m)	paspoort	[paspoərt]
visto (m)	visum	[fisum]
biglietto (m)	kaartjie	[kārki]
biglietto (m) aereo	lugkaartjie	[lux·kārki]
guida (f)	reisgids	[ræjsχids]
carta (f) geografica	kaart	[kārt]
località (f)	gebied	[χebit]
luogo (m)	plek	[plek]
ogetti (m pl) esotici	eksotiese dinge	[ɛksotisə diŋə]
esotico (agg)	eksoties	[ɛksotis]
sorprendente (agg)	verbasend	[ferbasent]
gruppo (m)	groep	[χrup]
escursione (f)	uitstappie	[œitstappi]
guida (f) (cicerone)	gids	[χids]

100. Hotel

albergo, hotel (m)	hotel	[hotəl]
motel (m)	motel	[motəl]
tre stelle	drie-ster	[dri-stər]

cinque stelle	vyf-ster	[fajf-stər]
alloggiare (vi)	oornag	[oərnaχ]
camera (f)	kamer	[kamər]
camera (f) singola	enkelkamer	[ɛnkəl·kamər]
camera (f) doppia	dubbelkamer	[dubbəl·kamər]
mezza pensione (f)	met aandete, bed en ontbyt	[met ãndetə], [bet en ontbajt]
pensione (f) completa	volle losies	[follə losis]
con bagno	met bad	[met bat]
con doccia	met stortbad	[met stort·bat]
televisione (f) satellitare	satelliet-TV	[satɛllit-te·fe]
condizionatore (m)	lugversorger	[luχfersorχər]
asciugamano (m)	handdoek	[handduk]
chiave (f)	sleutel	[sløətəl]
amministratore (m)	bestuurder	[bestɪrdər]
cameriera (f)	kamermeisie	[kamər·mæjsi]
portabagagli (m)	hoteljoggie	[hotəl·joχi]
portiere (m)	portier	[portir]
ristorante (m)	restaurant	[restourant]
bar (m)	kroeg	[kruχ]
colazione (f)	ontbyt	[ontbajt]
cena (f)	aandete	[ãndetə]
buffet (m)	buffetete	[buffetetə]
hall (f) (atrio d'ingresso)	voorportaal	[foər·portãl]
ascensore (m)	hysbak	[hajsbak]
NON DISTURBARE	MOENIE STEUR NIE	[muni støər ni]
VIETATO FUMARE!	ROOK VERBODE	[roək ferbodə]

ATTREZZATURA TECNICA. MEZZI DI TRASPORTO

Attrezzatura tecnica

101. Computer

computer (m)	rekenaar	[rekənãr]
computer (m) portatile	skootrekenaar	[skoet·rekənãr]
accendere (vt)	aanskakel	[ãŋskakəl]
spegnere (vt)	afskakel	[afskakəl]
tastiera (f)	toetsbord	[tuts·bort]
tasto (m)	toets	[tuts]
mouse (m)	muis	[mœis]
tappetino (m) del mouse	muismatjie	[mœis·maki]
tasto (m)	knop	[knop]
cursore (m)	loper	[lopər]
monitor (m)	monitor	[monitor]
schermo (m)	skerm	[skerm]
disco (m) rigido	harde skyf	[hardə skajf]
spazio (m) sul disco rigido	harde skyf se vermoë	[hardə skajf sə fermoɛ]
memoria (f)	geheue	[χəhøə]
memoria (f) operativa	RAM-geheue	[ram-χehøəə]
file (m)	lêer	[lɛər]
cartella (f)	gids	[χids]
aprire (vt)	oopmaak	[oəpmãk]
chiudere (vt)	sluit	[slœit]
salvare (vt)	bewaar	[bevãr]
eliminare (vt)	uitvee	[œitfeə]
copiare (vt)	kopieer	[kopir]
ordinare (vt)	sorteer	[sorteər]
trasferire (vt)	oorplaas	[oərplãs]
programma (m)	program	[proχram]
software (m)	sagteware	[saχtevarə]
programmatore (m)	programmeur	[proχrammøər]
programmare (vt)	programmeer	[proχrammeər]
hacker (m)	kuberkraker	[kubər·krakər]
password (f)	wagwoord	[vaχ·woərt]
virus (m)	virus	[firus]
trovare (un virus, ecc.)	opspoor	[opspoər]
byte (m)	greep	[χreəp]

megabyte (m)	megagreep	[meχaχreəp]
dati (m pl)	data	[data]
database (m)	databasis	[data·basis]

cavo (m)	kabel	[kabəl]
sconnettere (vt)	ontkoppel	[ontkoppəl]
collegare (vt)	konnekteer	[konnekteər]

102. Internet. Posta elettronica

internet (f)	internet	[internet]
navigatore (m)	webblaaier	[veb·blãjer]
motore (m) di ricerca	soekenjin	[suk·ɛndʒin]
provider (m)	verskaffer	[ferskaffər]

webmaster (m)	webmeester	[veb·meəstər]
sito web (m)	webwerf	[veb·werf]
pagina web (f)	webblad	[veb·blat]

| indirizzo (m) | adres | [adres] |
| rubrica (f) indirizzi | adresboek | [adres·buk] |

casella (f) di posta	posbus	[pos·bus]
posta (f)	pos	[pos]
troppo piena (agg)	vol	[fol]

messaggio (m)	boodskap	[boədskap]
messaggi (m pl) in arrivo	inkomende boodskappe	[inkomendə boədskappə]
messaggi (m pl) in uscita	uitgaande boodskappe	[œitχãndə boədskappə]

mittente (m)	sender	[sendər]
inviare (vt)	verstuur	[ferstɪr]
invio (m)	versending	[fersendiŋ]

| destinatario (m) | ontvanger | [ontfaŋər] |
| ricevere (vt) | ontvang | [ontfaŋ] |

| corrispondenza (f) | korrespondensie | [korrespondɛŋsi] |
| essere in corrispondenza | korrespondeer | [korrespondeər] |

file (m)	lêer	[lɛər]
scaricare (vt)	aflaai	[aflãi]
creare (vt)	skep	[skep]
eliminare (vt)	uitvee	[œitfeə]
eliminato (agg)	uitgevee	[œitχefeə]

connessione (f)	konneksie	[konneksi]
velocità (f)	spoed	[sput]
modem (m)	modem	[modem]
accesso (m)	toegang	[tuχaŋ]
porta (f)	portaal	[portãl]

| collegamento (m) | aansluiting | [ãŋslœitiŋ] |
| collegarsi a ... | aansluit by ... | [ãŋslœit baj ...] |

scegliere (vt)	kies	[kis]
cercare (vt)	soek	[suk]

103. Elettricità

elettricità (f)	elektrisiteit	[ɛlektrisitæjt]
elettrico (agg)	elektries	[ɛlektris]
centrale (f) elettrica	kragstasie	[kraχ·stasi]
energia (f)	krag	[kraχ]
energia (f) elettrica	elektriese krag	[ɛlektrisə kraχ]
lampadina (f)	gloeilamp	[χlui·lamp]
torcia (f) elettrica	flits	[flits]
lampione (m)	straatlig	[strātləχ]
luce (f)	lig	[liχ]
accendere (luce)	aanskakel	[ānskakəl]
spegnere (vt)	afskakel	[afskakəl]
spegnere la luce	die lig afskakel	[di liχ afskakəl]
fulminarsi (vr)	doodbrand	[doədbrant]
corto circuito (m)	kortsluiting	[kort·slœitiŋ]
rottura (f) (~ di un cavo)	gebreekte kabel	[χebreəktə kabəl]
contatto (m)	kontak	[kontak]
interruttore (m)	ligskakelaar	[liχ·skakelār]
presa (f) elettrica	muurprop	[mɪrprop]
spina (f)	prop	[prop]
prolunga (f)	verlengkabel	[ferleŋ·kabəl]
fusibile (m)	sekering	[sekəriŋ]
filo (m)	kabel	[kabəl]
impianto (m) elettrico	bedrading	[bedradiŋ]
ampere (m)	ampère	[ampɛ:r]
intensità di corrente	stroomsterkte	[stroəm·sterktə]
volt (m)	volt	[folt]
tensione (f)	spanning	[spanniŋ]
apparecchio (m) elettrico	elektriese toestel	[ɛlektrisə tustəl]
indicatore (m)	aanduier	[āndœiər]
elettricista (m)	elektrisiën	[ɛlektrisiɛn]
saldare (vt)	soldeer	[soldeər]
saldatoio (m)	soldeerbout	[soldeər·bæʊt]
corrente (f)	elektriese stroom	[ɛlektrisə stroəm]

104. Utensili

utensile (m)	werktuig	[verktœiχ]
utensili (m pl)	gereedskap	[χereədskap]
impianto (m)	toerusting	[turustiŋ]

martello (m)	hamer	[hamər]
giravite (m)	skroewedraaier	[skruvə·drājer]
ascia (f)	byl	[bajl]
sega (f)	saag	[sāχ]
segare (vt)	saag	[sāχ]
pialla (f)	skaaf	[skāf]
piallare (vt)	skaaf	[skāf]
saldatoio (m)	soldeerbout	[soldeer·bæʊt]
saldare (vt)	soldeer	[soldeer]
lima (f)	vyl	[fajl]
tenaglie (f pl)	knyptang	[knajptaŋ]
pinza (f) a punte piatte	tang	[taŋ]
scalpello (m)	beitel	[bæjtəl]
punta (f) da trapano	boor	[boər]
trapano (m) elettrico	elektriese boor	[ɛlektrisə boər]
trapanare (vt)	boor	[boər]
coltello (m)	mes	[mes]
coltello (m) da tasca	sakmes	[sakmes]
lama (f)	lem	[lem]
affilato (coltello ~)	skerp	[skerp]
smussato (agg)	stomp	[stomp]
smussarsi (vr)	stomp raak	[stomp rāk]
affilare (vt)	slyp	[slajp]
bullone (m)	bout	[bæʊt]
dado (m)	moer	[mur]
filettatura (f)	draad	[drāt]
vite (f)	houtskroef	[hæʊt·skruf]
chiodo (m)	spyker	[spajkər]
testa (f) di chiodo	kop	[kop]
regolo (m)	meetlat	[meetlat]
nastro (m) metrico	meetband	[meet·bant]
livella (f)	waterpas	[vatərpas]
lente (f) d'ingradimento	vergrootglas	[ferχroet·χlas]
strumento (m) di misurazione	meetinstrument	[meet·instrument]
misurare (vt)	meet	[meet]
scala (f) graduata	skaal	[skāl]
lettura, indicazione (f)	lesings	[lesiŋs]
compressore (m)	kompressor	[komprɛssor]
microscopio (m)	mikroskoop	[mikroskoəp]
pompa (f) (~ dell'acqua)	pomp	[pomp]
robot (m)	robot	[robot]
laser (m)	laser	[lasər]
chiave (f)	moersleutel	[mur·sløətəl]
nastro (m) adesivo	plakband	[plak·bant]

colla (f)	gom	[χom]
carta (f) smerigliata	skuurpapier	[skɪr·papir]
molla (f)	veer	[feər]
magnete (m)	magneet	[maχneət]
guanti (m pl)	handskoene	[handskunə]

corda (f)	tou	[tæʊ]
cordone (m)	tou	[tæʊ]
filo (m) (~ del telefono)	draad	[drãt]
cavo (m)	kabel	[kabəl]

mazza (f)	voorhamer	[foər·hamər]
palanchino (m)	breekyster	[breəkajstər]
scala (f) a pioli	leer	[leər]
scala (m) a libretto	trapleer	[trapleər]

avvitare (stringere)	vasskroef	[fasskruf]
svitare (vt)	losskroef	[losskruf]
stringere (vt)	saampars	[sãmpars]
incollare (vt)	vasplak	[fasplak]
tagliare (vt)	sny	[snaj]

guasto (m)	fout	[fæʊt]
riparazione (f)	herstelwerk	[herstəl·werk]
riparare (vt)	herstel	[herstəl]
regolare (~ uno strumento)	stel	[stəl]

verificare (ispezionare)	nagaan	[naχãn]
controllo (m)	kontrole	[kontrolə]
lettura, indicazione (f)	lesings	[lesiŋs]

sicuro (agg)	betroubaar	[betræʊbãr]
complesso (agg)	ingewikkelde	[inχəwikkɛldə]

arrugginire (vi)	roes	[rus]
arrugginito (agg)	verroes	[ferrus]
ruggine (f)	roes	[rus]

Mezzi di trasporto

105. Aeroplano

aereo (m)	vliegtuig	[flixtœix]
biglietto (m) aereo	lugkaartjie	[luχ·kārki]
compagnia (f) aerea	lugredery	[luχrederaj]
aeroporto (m)	lughawe	[luχhavə]
supersonico (agg)	supersonies	[supersonis]
comandante (m)	kaptein	[kaptæjn]
equipaggio (m)	bemanning	[bemanniŋ]
pilota (m)	piloot	[piloət]
hostess (f)	lugwaardin	[luχ·wārdin]
navigatore (m)	navigator	[nafiχator]
ali (f pl)	vlerke	[flerkə]
coda (f)	stert	[stert]
cabina (f)	stuurkajuit	[stɪr·kajœit]
motore (m)	enjin	[ɛndʒin]
carrello (m) d'atterraggio	landingstel	[landiŋ·stəl]
turbina (f)	turbine	[turbinə]
elica (f)	skroef	[skruf]
scatola (f) nera	swart boks	[swart boks]
barra (f) di comando	stuurstang	[stɪr·staŋ]
combustibile (m)	brandstof	[brantstof]
safety card (f)	veiligheidskaart	[fæjliχæjts·kārt]
maschera (f) ad ossigeno	suurstofmasker	[sɪrstof·maskər]
uniforme (f)	uniform	[uniform]
giubbotto (m) di salvataggio	reddingsbaadjie	[rɛddiŋs·bādʒi]
paracadute (m)	valskerm	[fal·skerm]
decollo (m)	opstyging	[opstajχiŋ]
decollare (vi)	opstyg	[opstajχ]
pista (f) di decollo	landingsbaan	[landiŋs·bān]
visibilità (f)	uitsig	[œitsəχ]
volo (m)	vlug	[fluχ]
altitudine (f)	hoogte	[hoəχtə]
vuoto (m) d'aria	lugsak	[luχsak]
posto (m)	sitplek	[sitplek]
cuffia (f)	koptelefoon	[kop·telefoən]
tavolinetto (m) pieghevole	voutafeltjie	[fæʊ·tafɛlki]
oblò (m), finestrino (m)	vliegtuigvenster	[flixtœix·fɛŋstər]
corridoio (m)	paadjie	[pādʒi]

106. Treno

treno (m)	trein	[træjn]
elettrotreno (m)	voorstedelike trein	[foərstedelikə træjn]
treno (m) rapido	sneltrein	[snɛl·træjn]
locomotiva (f) diesel	diesellokomotief	[disəl·lokomotif]
locomotiva (f) a vapore	stoomlokomotief	[stoəm·lokomotif]
carrozza (f)	passasierswa	[passasirs·wa]
vagone (m) ristorante	eetwa	[eət·wa]
rotaie (f pl)	spoorstawe	[spoər·stavə]
ferrovia (f)	spoorweg	[spoər·weχ]
traversa (f)	dwarsleër	[dwarslɛər]
banchina (f) (~ ferroviaria)	perron	[perron]
binario (m) (~ 1, 2)	spoor	[spoər]
semaforo (m)	semafoor	[semafoər]
stazione (f)	stasie	[stasi]
macchinista (m)	treindrywer	[træjn·drajvər]
portabagagli (m)	portier	[portir]
cuccettista (m, f)	kondukteur	[konduktøər]
passeggero (m)	passasier	[passasir]
controllore (m)	kondukteur	[konduktøər]
corridoio (m)	gang	[χaŋ]
freno (m) di emergenza	noodrem	[noədrem]
scompartimento (m)	kompartiment	[kompartiment]
cuccetta (f)	bed	[bet]
cuccetta (f) superiore	boonste bed	[boəŋstə bet]
cuccetta (f) inferiore	onderste bed	[ondərstə bet]
biancheria (f) da letto	beddegoed	[beddə·χut]
biglietto (m)	kaartjie	[kãrki]
orario (m)	diensrooster	[diŋs·roəstər]
tabellone (m) orari	informasiebord	[informasi·bort]
partire (vi)	vertrek	[fertrek]
partenza (f)	vertrek	[fertrek]
arrivare (di un treno)	aankom	[ānkom]
arrivo (m)	aankoms	[ānkoms]
arrivare con il treno	aankom per trein	[ānkom pər træjn]
salire sul treno	in die trein klim	[in di træjn klim]
scendere dal treno	uit die trein klim	[œit di træjn klim]
deragliamento (m)	treinbotsing	[træjn·botsiŋ]
deragliare (vi)	ontspoor	[ontspoər]
locomotiva (f) a vapore	stoomlokomotief	[stoəm·lokomotif]
fuochista (m)	stoker	[stokər]
forno (m)	stookplek	[stoəkplek]
carbone (m)	steenkool	[steən·koəl]

107. Nave

nave (f)	skip	[skip]
imbarcazione (f)	vaartuig	[fårtœiχ]
piroscafo (m)	stoomboot	[stoəm·boət]
barca (f) fluviale	rivierboot	[rifir·boət]
transatlantico (m)	toerskip	[tur·skip]
incrociatore (m)	kruiser	[krœisər]
yacht (m)	jag	[jaχ]
rimorchiatore (m)	sleepboot	[sleəp·boət]
chiatta (f)	vragskuit	[fraχ·skœit]
traghetto (m)	veerboot	[feər·boət]
veliero (m)	seilskip	[sæjl·skip]
brigantino (m)	skoenerbrik	[skunər·brik]
rompighiaccio (m)	ysbreker	[ajs·brekər]
sottomarino (m)	duikboot	[dœik·boət]
barca (f)	roeiboot	[ruiboət]
scialuppa (f)	bootjie	[boəki]
scialuppa (f) di salvataggio	reddingsboot	[rɛddiŋs·boət]
motoscafo (m)	motorboot	[motor·boət]
capitano (m)	kaptein	[kaptæjn]
marittimo (m)	seeman	[seəman]
marinaio (m)	matroos	[matroəs]
equipaggio (m)	bemanning	[bemanniŋ]
nostromo (m)	bootsman	[boətsman]
mozzo (m) di nave	skeepsjonge	[skeəps·joŋə]
cuoco (m)	kok	[kok]
medico (m) di bordo	skeepsdokter	[skeəps·doktər]
ponte (m)	dek	[dek]
albero (m)	mas	[mas]
vela (f)	seil	[sæjl]
stiva (f)	skeepsruim	[skeəps·rœim]
prua (f)	boeg	[buχ]
poppa (f)	agterstewe	[aχtərstevə]
remo (m)	roeispaan	[ruis·pān]
elica (f)	skroef	[skruf]
cabina (f)	kajuit	[kajœit]
quadrato (m) degli ufficiali	offisierskajuit	[offisirs·kajœit]
sala (f) macchine	enjinkamer	[endʒin·kamər]
ponte (m) di comando	brug	[bruχ]
cabina (f) radiotelegrafica	radiokamer	[radio·kamər]
onda (f)	golf	[χolf]
giornale (m) di bordo	logboek	[loχbuk]
cannocchiale (m)	verkyker	[ferkajkər]
campana (f)	bel	[bəl]

bandiera (f)	vlag	[flaχ]
cavo (m) (~ d'ormeggio)	kabel	[kabəl]
nodo (m)	knoop	[knoəp]
ringhiera (f)	dekleuning	[dek·løəniŋ]
passerella (f)	gangplank	[χaŋ·plank]
ancora (f)	anker	[ankər]
levare l'ancora	anker lig	[ankər ləχ]
gettare l'ancora	anker uitgooi	[ankər œitχoj]
catena (f) dell'ancora	ankerketting	[ankər·kɛttiŋ]
porto (m)	hawe	[havə]
banchina (f)	kaai	[kāi]
ormeggiarsi (vr)	vasmeer	[fasmeər]
salpare (vi)	vertrek	[fertrek]
viaggio (m)	reis	[ræjs]
crociera (f)	cruise	[kruːs]
rotta (f)	koers	[kurs]
itinerario (m)	roete	[rutə]
tratto (m) navigabile	vaarwater	[fār·vatər]
secca (f)	sandbank	[sand·bank]
arenarsi (vr)	strand	[strant]
tempesta (f)	storm	[storm]
segnale (m)	sienjaal	[sinjāl]
affondare (andare a fondo)	sink	[sink]
Uomo in mare!	Man oorboord!	[man oərboərd!]
SOS	SOS	[sos]
salvagente (m) anulare	reddingsboei	[rɛddiŋs·bui]

108. Aeroporto

aeroporto (m)	lughawe	[luχhavə]
aereo (m)	vliegtuig	[flixtœiχ]
compagnia (f) aerea	lugredery	[luχrederaj]
controllore (m) di volo	lugverkeersleier	[luχ·ferkeərs·læjer]
partenza (f)	vertrek	[fertrek]
arrivo (m)	aankoms	[ānkoms]
arrivare (vi)	aankom	[ānkom]
ora (f) di partenza	vertrektyd	[fertrək·tajt]
ora (f) di arrivo	aankomstyd	[ānkoms·tajt]
essere ritardato	vertraag wees	[fertrāχ veəs]
volo (m) ritardato	vlugvertraging	[fluχ·fertraχiŋ]
tabellone (m) orari	informasiebord	[informasi·bort]
informazione (f)	informasie	[informasi]
annunciare (vt)	aankondig	[ānkondəχ]
volo (m)	vlug	[fluχ]

dogana (f)	doeane	[duanə]
doganiere (m)	doeanebeampte	[duanə·beamptə]
dichiarazione (f)	doeaneverklaring	[duanə·ferklariŋ]
riempire	invul	[inful]
(~ una dichiarazione)		
controllo (m) passaporti	paspoortkontrole	[paspoərt·kontrolə]
bagaglio (m)	bagasie	[baχasi]
bagaglio (m) a mano	handbagasie	[hand·baχasi]
carrello (m)	bagasiekarretjie	[baχasi·karrəki]
atterraggio (m)	landing	[landiŋ]
pista (f) di atterraggio	landingsbaan	[landiŋs·bān]
atterrare (vi)	land	[lant]
scaletta (f) dell'aereo	vliegtuigtrap	[fliχtœiχ·trap]
check-in (m)	na die vertrektoonbank	[na di fertrək·toənbank]
banco (m) del check-in	vertrektoonbank	[fertrək·toənbank]
fare il check-in	na die vertrektoonbank gaan	[na di fertrək·toənbank χān]
carta (f) d'imbarco	instapkaart	[instap·kārt]
porta (f) d'imbarco	vertrekuitgang	[fertrek·œitχaŋ]
transito (m)	transito	[traŋsito]
aspettare (vt)	wag	[vaχ]
sala (f) d'attesa	vertreksaal	[fertrək·sāl]
accompagnare (vt)	afsien	[afsin]
congedarsi (vr)	afskeid neem	[afskæjt neəm]

Situazioni quotidiane

109. Vacanze. Evento

festa (f)	partytjie	[partajki]
festa (f) nazionale	nasionale dag	[naʃionalə daχ]
festività (f) civile	openbare vakansiedag	[openbarə fakaŋsi·daχ]
festeggiare (vt)	herdenk	[herdenk]
avvenimento (m)	gebeurtenis	[χebøərtenis]
evento (m) (organizzare un ~)	gebeurtenis	[χebøərtenis]
banchetto (m)	banket	[banket]
ricevimento (m)	onthaal	[onthāl]
festino (m)	feesmaal	[feəs·māl]
anniversario (m)	verjaardag	[ferjār·daχ]
giubileo (m)	jubileum	[jubiløəm]
festeggiare (vt)	vier	[fir]
Capodanno (m)	Nuwejaar	[nuvejār]
Buon Anno!	Voorspoedige Nuwejaar	[foərspudiχə nuvejār]
Babbo Natale (m)	Kersvader	[kers·fadər]
Natale (m)	Kersfees	[kersfeəs]
Buon Natale!	Geseënde Kersfees	[χeseɛndə kersfeɛs]
Albero (m) di Natale	Kersboom	[kers·boəm]
fuochi (m pl) artificiali	vuurwerk	[fırwerk]
nozze (f pl)	bruilof	[brœilof]
sposo (m)	bruidegom	[brœidəχom]
sposa (f)	bruid	[brœit]
invitare (vt)	uitnooi	[œitnoj]
invito (m)	uitnodiging	[œitnodəχiŋ]
ospite (m)	gas	[χas]
andare a trovare	besoek	[besuk]
accogliere gli invitati	die gaste ontmoet	[di χastə ontmut]
regalo (m)	present	[present]
offrire (~ un regalo)	gee	[χeə]
ricevere i regali	presente ontvang	[presentə ontfaŋ]
mazzo (m) di fiori	boeket	[buket]
auguri (m pl)	gelukwense	[χelukwɛŋsə]
augurare (vt)	gelukwens	[χelukwɛŋs]
cartolina (f)	geleentheidskaartjie	[χeleenthæjts·kārki]
brindisi (m)	heildronk	[hæjldronk]
offrire (~ qualcosa da bere)	aanbied	[ānbit]

champagne (m)	sjampanje	[ʃampanje]
divertirsi (vr)	jouself geniet	[jæusɛlf χenit]
allegria (f)	pret	[pret]
gioia (f)	vreugde	[frøəχdə]
danza (f), ballo (m)	dans	[daŋs]
ballare (vi, vt)	dans	[daŋs]
valzer (m)	wals	[vals]
tango (m)	tango	[tanχo]

110. Funerali. Sepoltura

cimitero (m)	begraafplaas	[beχrāf·plās]
tomba (f)	graf	[χraf]
croce (f)	kruis	[krœis]
pietra (f) tombale	grafsteen	[χrafsteən]
recinto (m)	heining	[hæjniŋ]
cappella (f)	kapel	[kapəl]
morte (f)	dood	[doət]
morire (vi)	doodgaan	[doədχān]
defunto (m)	oorledene	[oərledenə]
lutto (m)	rou	[ræʊ]
seppellire (vt)	begrawe	[beχravə]
sede (f) di pompe funebri	begrafnisonderneming	[beχrafnis·ondərnemiŋ]
funerale (m)	begrafnis	[beχrafnis]
corona (f) di fiori	krans	[kraŋs]
bara (f)	doodskis	[doədskis]
carro (m) funebre	lykswa	[lajks·wa]
lenzuolo (m) funebre	lykkleed	[lajk·kleət]
corteo (m) funebre	begrafnisstoet	[beχrafnis·stut]
urna (f) funeraria	urn	[urn]
crematorio (m)	krematorium	[krematorium]
necrologio (m)	doodsberig	[doəds·berəχ]
piangere (vi)	huil	[hœil]
singhiozzare (vi)	snik	[snik]

111. Guerra. Soldati

plotone (m)	peleton	[peleton]
compagnia (f)	kompanie	[kompani]
reggimento (m)	regiment	[reχiment]
esercito (m)	leër	[leɛr]
divisione (f)	divisie	[difisi]
distaccamento (m)	afdeling	[afdeliŋ]
armata (f)	leërskare	[leɛrskarə]

| soldato (m) | soldaat | [soldāt] |
| ufficiale (m) | offisier | [offisir] |

soldato (m) semplice	soldaat	[soldāt]
sergente (m)	sersant	[sersant]
tenente (m)	luitenant	[lœitənant]
capitano (m)	kaptein	[kaptæjn]
maggiore (m)	majoor	[majoər]
colonnello (m)	kolonel	[kolonəl]
generale (m)	generaal	[χenerāl]

marinaio (m)	matroos	[matroəs]
capitano (m)	kaptein	[kaptæjn]
nostromo (m)	bootsman	[boətsman]

artigliere (m)	artilleris	[artilleris]
paracadutista (m)	valskermsoldaat	[falskerm·soldāt]
pilota (m)	piloot	[piloət]
navigatore (m)	navigator	[nafiχator]
meccanico (m)	werktuigkundige	[verktœiχ·kundiχə]

geniere (m)	sappeur	[sappøər]
paracadutista (m)	valskermspringer	[falskerm·spriŋər]
esploratore (m)	verkenner	[ferkɛnnər]
cecchino (m)	skerpskut	[skerp·skut]

pattuglia (f)	patrollie	[patrolli]
pattugliare (vt)	patrolleer	[patrolleər]
sentinella (f)	wag	[vaχ]

guerriero (m)	vegter	[feχtər]
patriota (m)	patriot	[patriot]
eroe (m)	held	[hɛlt]
eroina (f)	heldin	[hɛldin]

| traditore (m) | verraaier | [ferrājer] |
| tradire (vt) | verraai | [ferrāi] |

| disertore (m) | droster | [drostər] |
| disertare (vi) | dros | [dros] |

mercenario (m)	huursoldaat	[hɪr·soldāt]
recluta (f)	rekruteer	[rekruteər]
volontario (m)	vrywilliger	[frajvilliχər]

ucciso (m)	dooie	[doje]
ferito (m)	gewonde	[χevondə]
prigioniero (m) di guerra	krygsgevangene	[krajχs·χefaŋənə]

112. Guerra. Azioni militari. Parte 1

guerra (f)	oorlog	[oərloχ]
essere in guerra	oorlog voer	[oərloχ fur]
guerra (f) civile	burgeroorlog	[burgər·oərloχ]

perfidamente	valslik	[falslik]
dichiarazione (f) di guerra	oorlogsverklaring	[oərloχs·ferklariŋ]
dichiarare (~ guerra)	oorlog verklaar	[oərloχ ferklãr]
aggressione (f)	aggressie	[aχrɛssi]
attaccare (vt)	aanval	[ãnfal]
invadere (vt)	binneval	[binnəfal]
invasore (m)	binnevaller	[binnəfallər]
conquistatore (m)	veroweraar	[feroverãr]
difesa (f)	verdediging	[ferdedəχiŋ]
difendere (~ un paese)	verdedig	[ferdedəχ]
difendersi (vr)	jouself verdedig	[jæʊsɛlf ferdedəχ]
nemico (m)	vyand	[fajant]
avversario (m)	teëstander	[tɛɛstandər]
ostile (agg)	vyandig	[fajandəχ]
strategia (f)	strategie	[strateχi]
tattica (f)	taktiek	[taktik]
ordine (m)	bevel	[befəl]
comando (m)	bevel	[befəl]
ordinare (vt)	beveel	[befeəl]
missione (f)	opdrag	[opdraχ]
segreto (agg)	geheim	[χəhæjm]
battaglia (f)	veldslag	[fɛltslaχ]
combattimento (m)	geveg	[χefeχ]
attacco (m)	aanval	[ãnfal]
assalto (m)	bestorming	[bestormiŋ]
assalire (vt)	bestorm	[bestorm]
assedio (m)	beleg	[beleχ]
offensiva (f)	aanval	[ãnfal]
passare all'offensiva	tot die offensief oorgaan	[tot di offɛŋsif oərχãn]
ritirata (f)	terugtrekking	[teruχ·trɛkkiŋ]
ritirarsi (vr)	terugtrek	[teruχtrek]
accerchiamento (m)	omsingeling	[omsinχəliŋ]
accerchiare (vt)	omsingel	[omsiŋəl]
bombardamento (m)	bombardement	[bombardement]
bombardare (vt)	bombardeer	[bombardeər]
esplosione (f)	ontploffing	[ontploffiŋ]
sparo (m)	skoot	[skoət]
sparatoria (f)	skiet	[skit]
puntare su ...	mik op	[mik op]
puntare (~ una pistola)	rig	[riχ]
colpire (~ il bersaglio)	tref	[tref]
affondare (mandare a fondo)	sink	[sink]
falla (f)	gat	[χat]

affondare (andare a fondo)	sink	[sink]
fronte (m) (~ di guerra)	front	[front]
evacuazione (f)	evakuasie	[ɛfakuasi]
evacuare (vt)	evakueer	[ɛfakueər]
trincea (f)	loopgraaf	[loəpχrāf]
filo (m) spinato	doringdraad	[doriŋ·drāt]
sbarramento (m)	versperring	[fersperriŋ]
torretta (f) di osservazione	wagtoring	[vaχ·toriŋ]
ospedale (m) militare	militêre hospitaal	[militærə hospitāl]
ferire (vt)	wond	[vont]
ferita (f)	wond	[vont]
ferito (m)	gewonde	[χevondə]
rimanere ferito	gewond	[χevont]
grave (ferita ~)	ernstig	[ɛrnstəχ]

113. Guerra. Azioni militari. Parte 2

prigionia (f)	gevangenskap	[χefaŋənskap]
fare prigioniero	gevange neem	[χefaŋə neəm]
essere prigioniero	in gevangenskap wees	[in χefaŋənskap veəs]
essere fatto prigioniero	in gevangenskap geneem word	[in χefaŋənskap χeneəm vort]
campo (m) di concentramento	konsentrasiekamp	[kɔŋsentrasi·kamp]
prigioniero (m) di guerra	krygsgevangene	[krajχs·χefaŋənə]
fuggire (vi)	ontsnap	[ontsnap]
tradire (vt)	verraai	[ferrāi]
traditore (m)	verraaier	[ferrājer]
tradimento (m)	verraad	[ferrāt]
fucilare (vt)	eksekuteer	[ɛksekuteər]
fucilazione (f)	eksekusie	[ɛksekusi]
divisa (f) militare	toerusting	[turustiŋ]
spallina (f)	skouerstrook	[skæuer·stroək]
maschera (f) antigas	gasmasker	[χas·maskər]
radiotrasmettitore (m)	veldradio	[fɛlt·radio]
codice (m)	geheime kode	[χəhæjmə kodə]
complotto (m)	geheimhouding	[χəhæjm·hæʊdiŋ]
parola (f) d'ordine	wagwoord	[vaχ·woərt]
mina (f)	landmyn	[land·majn]
minare (~ la strada)	bemyn	[bemajn]
campo (m) minato	mynveld	[majn·fɛlt]
allarme (m) aereo	lugalarm	[luχ·alarm]
allarme (m)	alarm	[alarm]
segnale (m)	sienjaal	[sinjāl]
razzo (m) di segnalazione	fakkel	[fakkel]
quartier (m) generale	hoofkwartier	[hoəf·kwartir]

esplorazione (m)	verkenningstog	[fɛrkɛnniŋs·toχ]
situazione (f)	toestand	[tustant]
rapporto (m)	verslag	[fɛrslaχ]
agguato (m)	hinderlaag	[hindər·lāχ]
rinforzo (m)	versterking	[fɛrstərkiŋ]
bersaglio (m)	doel	[dul]
terreno (m) di caccia	proefterrein	[pruf·tɛrræjn]
manovre (f pl)	militêre oefening	[militærə ufeniŋ]
panico (m)	paniek	[panik]
devastazione (f)	verwoesting	[fɛrwustiŋ]
distruzione (m)	verwoesting	[fɛrwustiŋ]
distruggere (vt)	verwoes	[fɛrwus]
sopravvivere (vi, vt)	oorleef	[oərleəf]
disarmare (vt)	ontwapen	[ontvapen]
maneggiare (una pistola, ecc.)	hanteer	[hanteər]
Attenti!	Aandag!	[āndaχ!]
Riposo!	Op die plek rus!	[op di plek rus!]
atto (m) eroico	heldedaad	[hɛldə·dāt]
giuramento (m)	eed	[eət]
giurare (vi)	sweer	[sweər]
decorazione (f)	dekorasie	[dekorasiə]
decorare (qn)	toeken	[tuken]
medaglia (f)	medalje	[medalje]
ordine (m) (~ al Merito)	orde	[ordə]
vittoria (f)	oorwinning	[oərwinniŋ]
sconfitta (m)	nederlaag	[nedərlāχ]
armistizio (m)	wapenstilstand	[vapɛn·stilstant]
bandiera (f)	vaandel	[fāndəl]
gloria (f)	roem	[rum]
parata (f)	parade	[paradə]
marciare (in parata)	marseer	[marseər]

114. Armi

armi (f pl)	wapens	[vapɛns]
arma (f) da fuoco	vuurwapens	[fɪr·vapɛns]
arma (f) bianca	messe	[mɛssə]
armi (f pl) chimiche	chemiese wapens	[χemisə vapɛns]
nucleare (agg)	kern-	[kern-]
armi (f pl) nucleari	kernwapens	[kern·vapɛns]
bomba (f)	bom	[bom]
bomba (f) atomica	atoombom	[atoəm·bom]
pistola (f)	pistool	[pistoəl]

fucile (m)	geweer	[χeveər]
mitra (m)	aanvalsgeweer	[ãnvals·χeveər]
mitragliatrice (f)	masjiengeweer	[maʃin·χeveər]
bocca (f)	loop	[loəp]
canna (f)	loop	[loəp]
calibro (m)	kaliber	[kalibər]
grilletto (m)	sneller	[snɛllər]
mirino (m)	visier	[fisir]
caricatore (m)	magasyn	[maχasajn]
calcio (m)	kolf	[kolf]
bomba (f) a mano	handgranaat	[hand·χranãt]
esplosivo (m)	springstof	[spriŋstof]
pallottola (f)	koeël	[kuɛl]
cartuccia (f)	patroon	[patroən]
carica (f)	lading	[ladiŋ]
munizioni (f pl)	ammunisie	[ammunisi]
bombardiere (m)	bomwerper	[bom·werpər]
aereo (m) da caccia	straalvegter	[strãl·feχtər]
elicottero (m)	helikopter	[helikoptər]
cannone (m) antiaereo	lugafweer	[luχafweər]
carro (m) armato	tenk	[tɛnk]
cannone (m)	tenkkanon	[tɛnk·kanon]
artiglieria (f)	artillerie	[artilleri]
cannone (m)	kanon	[kanon]
mirare a ...	aanlê	[ãnlɛ:]
proiettile (m)	projektiel	[projektil]
granata (f) da mortaio	mortierbom	[mortir·bom]
mortaio (m)	mortier	[mortir]
scheggia (f)	skrapnel	[skrapnəl]
sottomarino (m)	duikboot	[dœik·boət]
siluro (m)	torpedo	[torpedo]
missile (m)	vuurpyl	[fɪr·pajl]
caricare (~ una pistola)	laai	[lãi]
sparare (vi)	skiet	[skit]
puntare su ...	rig op	[riχ op]
baionetta (f)	bajonet	[bajonet]
spada (f)	rapier	[rapir]
sciabola (f)	sabel	[sabəl]
lancia (f)	spies	[spis]
arco (m)	boog	[boəχ]
freccia (f)	pyl	[pajl]
moschetto (m)	musket	[musket]
balestra (f)	kruisboog	[krœis·boəχ]

115. Gli antichi

primitivo (agg)	primitief	[primitif]
preistorico (agg)	prehistories	[prehistoris]
antico (agg)	antiek	[antik]
Età (f) della pietra	Steentydperk	[steən·tajtperk]
Età (f) del bronzo	Bronstydperk	[brɔŋs·tajtperk]
epoca (f) glaciale	Ystydperk	[ajs·tajtperk]
tribù (f)	stam	[stam]
cannibale (m)	mensvreter	[mɛŋs·fretər]
cacciatore (m)	jagter	[jaχtər]
cacciare (vt)	jag	[jaχ]
mammut (m)	mammoet	[mammut]
caverna (f), grotta (f)	grot	[χrot]
fuoco (m)	vuur	[fɪr]
falò (m)	kampvuur	[kampfɪr]
pittura (f) rupestre	rotstekening	[rots·tekəniŋ]
strumento (m) di lavoro	werktuig	[verktœiχ]
lancia (f)	spies	[spis]
ascia (f) di pietra	klipbyl	[klip·bajl]
essere in guerra	oorlog voer	[oərloχ fur]
addomesticare (vt)	tem	[tem]
idolo (m)	afgod	[afχot]
idolatrare (vt)	aanbid	[ãnbit]
superstizione (f)	bygeloof	[bajχəloəf]
rito (m)	ritueel	[ritueəl]
evoluzione (f)	evolusie	[ɛfolusi]
sviluppo (m)	ontwikkeling	[ontwikkeliŋ]
estinzione (f)	verdwyning	[ferdwajniŋ]
adattarsi (vr)	jou aanpas	[jæʊ ãnpas]
archeologia (f)	argeologie	[arχeoloχi]
archeologo (m)	argeoloog	[arχeoloəχ]
archeologico (agg)	argeologies	[arχeoloχis]
sito (m) archeologico	opgrawingsplek	[opχraviŋs·plek]
scavi (m pl)	opgrawingsplekke	[opχraviŋs·plɛkkə]
reperto (m)	vonds	[fonds]
frammento (m)	fragment	[fraχment]

116. Il Medio Evo

popolo (m)	volk	[folk]
popoli (m pl)	bevolking	[befolkiŋ]
tribù (f)	stam	[stam]
tribù (f pl)	stamme	[stammə]
barbari (m pl)	barbare	[barbarə]

galli (m pl)	**Galliërs**	[ɣalliɛrs]
goti (m pl)	**Gote**	[ɣote]
slavi (m pl)	**Slawe**	[slavə]
vichinghi (m pl)	**Vikings**	[vikiŋs]
romani (m pl)	**Romeine**	[romæjnə]
romano (agg)	**Romeins**	[romæjns]
bizantini (m pl)	**Bisantyne**	[bisantajnə]
Bisanzio (m)	**Bisantium**	[bisantium]
bizantino (agg)	**Bisantyns**	[bisantajns]
imperatore (m)	**keiser**	[kæjsər]
capo (m)	**leier**	[læjer]
potente (un re ~)	**magtig**	[maxtəx]
re (m)	**koning**	[koniŋ]
governante (m) (sovrano)	**heerser**	[heərsər]
cavaliere (m)	**ridder**	[riddər]
feudatario (m)	**feodale heerser**	[feodalə heərsər]
feudale (agg)	**feodaal**	[feodāl]
vassallo (m)	**vasal**	[fasal]
duca (m)	**hertog**	[hertoχ]
conte (m)	**graaf**	[χrāf]
barone (m)	**baron**	[baron]
vescovo (m)	**biskop**	[biskop]
armatura (f)	**harnas**	[harnas]
scudo (m)	**skild**	[skilt]
spada (f)	**swaard**	[swārt]
visiera (f)	**visier**	[fisir]
cotta (f) di maglia	**maliehemp**	[mali·hemp]
crociata (f)	**Kruistog**	[krœis·toχ]
crociato (m)	**kruisvaarder**	[krœis·fārdər]
territorio (m)	**gebied**	[χebit]
attaccare (vt)	**aanval**	[ānfal]
conquistare (vt)	**verower**	[ferovər]
occupare (invadere)	**beset**	[beset]
assedio (m)	**beleg**	[beleχ]
assediato (agg)	**beleërde**	[beleɛrdə]
assediare (vt)	**beleër**	[beleɛr]
inquisizione (f)	**inkwisisie**	[inkvisisi]
inquisitore (m)	**inkwisiteur**	[inkvisitøər]
tortura (f)	**marteling**	[martəliŋ]
crudele (agg)	**wreed**	[vreət]
eretico (m)	**ketter**	[kɛttər]
eresia (f)	**kettery**	[kɛtteraj]
navigazione (f)	**seevaart**	[seə·fārt]
pirata (m)	**piraat, seerower**	[pirāt], [seə·rovər]
pirateria (f)	**piratery, seerowery**	[pirateraj], [seə·roveraj]

arrembaggio (m)	enter	[ɛntər]
bottino (m)	buit	[bœit]
tesori (m)	skatte	[skattə]
scoperta (f)	ontdekking	[ontdɛkkiŋ]
scoprire (~ nuove terre)	ontdek	[ontdek]
spedizione (f)	ekspedisie	[ɛkspedisi]
moschettiere (m)	musketier	[musketir]
cardinale (m)	kardinaal	[kardinãl]
araldica (f)	heraldiek	[heraldik]
araldico (agg)	heraldies	[heraldis]

117. Leader. Capo. Le autorità

re (m)	koning	[koniŋ]
regina (f)	koningin	[koniŋin]
reale (agg)	koninklik	[koninklik]
regno (m)	koninkryk	[koninkrajk]
principe (m)	prins	[prins]
principessa (f)	prinses	[prinsəs]
presidente (m)	president	[president]
vicepresidente (m)	vise-president	[fise-president]
senatore (m)	senator	[senator]
monarca (m)	monarg	[monarχ]
governante (m) (sovrano)	heerser	[heərsər]
dittatore (m)	diktator	[diktator]
tiranno (m)	tiran	[tiran]
magnate (m)	magnaat	[maχnãt]
direttore (m)	direkteur	[direktøər]
capo (m)	baas	[bãs]
dirigente (m)	bestuurder	[bestɪrdər]
capo (m)	baas	[bãs]
proprietario (m)	eienaar	[æjenãr]
leader (m)	leier	[læjer]
capo (m) (~ delegazione)	hoof	[hoəf]
autorità (f pl)	outoriteite	[æutoritæjtə]
superiori (m pl)	hoofde	[hoəfdə]
governatore (m)	goewerneur	[χuvernøər]
console (m)	konsul	[kɔŋsul]
diplomatico (m)	diplomaat	[diplomãt]
sindaco (m)	burgermeester	[burgər·meəstər]
sceriffo (m)	sheriff	[sheriff]
imperatore (m)	keiser	[kæjsər]
zar (m)	tsaar	[tsãr]
faraone (m)	farao	[farao]
khan (m)	kan	[kan]

118. Infrangere la legge. Criminali. Parte 1

bandito (m)	bandiet	[bandit]
delitto (m)	misdaad	[misdãt]
criminale (m)	misdadiger	[misdadiχər]
ladro (m)	dief	[dif]
rubare (vi, vt)	steel	[steəl]
ruberia (f)	steel	[steəl]
reato (m) di furto	diefstal	[difstal]
rapire (vt)	ontvoer	[ontfur]
rapimento (m)	ontvoering	[ontfuriŋ]
rapitore (m)	ontvoerder	[ontfurdər]
riscatto (m)	losgeld	[losχɛlt]
chiedere il riscatto	losgeld eis	[losχɛlt æjs]
rapinare (vt)	besteel	[bestəəl]
rapina (f)	oorval	[oərfal]
rapinatore (m)	boef	[buf]
estorcere (vt)	afpers	[afpers]
estorsore (m)	afperser	[afpersər]
estorsione (f)	afpersing	[afpersiŋ]
uccidere (vt)	vermoor	[fermoər]
assassinio (m)	moord	[moərt]
assassino (m)	moordenaar	[moərdenãr]
sparo (m)	skoot	[skoət]
abbattere (con armi da fuoco)	doodskiet	[doədskit]
sparare (vi)	skiet	[skit]
sparatoria (f)	skietery	[skiteraj]
incidente (m) (rissa, ecc.)	insident	[insident]
rissa (f)	geveg	[χefeχ]
Aiuto!	Help!	[hɛlp!]
vittima (f)	slagoffer	[slaχoffər]
danneggiare (vt)	beskadig	[beskadəχ]
danno (m)	skade	[skadə]
cadavere (m)	lyk	[lajk]
grave (reato ~)	ernstig	[ɛrnstəχ]
aggredire (vt)	aanval	[ãnfal]
picchiare (vt)	slaan	[slãn]
malmenare (picchiare)	platslaan	[platslãn]
sottrarre (vt)	vat	[fat]
accoltellare a morte	doodsteek	[doədsteek]
mutilare (vt)	vermink	[fermink]
ferire (vt)	wond	[vont]
ricatto (m)	afpersing	[afpersiŋ]
ricattare (vt)	afpers	[afpers]

Italiano	Afrikaans	Pronuncia
ricattatore (m)	afperser	[afpersər]
estorsione (f)	beskermingswendelary	[beskermiŋ·swendəlaraj]
estortore (m)	afperser	[afpersər]
gangster (m)	boef	[buf]
mafia (f)	mafia	[mafia]
borseggiatore (m)	sakkeroller	[sakkerollər]
scassinatore (m)	inbreker	[inbrekər]
contrabbando (m)	smokkel	[smokkəl]
contrabbandiere (m)	smokkelaar	[smokkəlãr]
falsificazione (f)	vervalsing	[ferfalsiŋ]
falsificare (vt)	verval	[ferfal]
falso, falsificato (agg)	vals	[fals]

119. Infrangere la legge. Criminali. Parte 2

Italiano	Afrikaans	Pronuncia
stupro (m)	verkragting	[ferkraχtiŋ]
stuprare (vt)	verkrag	[ferkraχ]
stupratore (m)	verkragter	[ferkraχtər]
maniaco (m)	maniak	[maniak]
prostituta (f)	prostituut	[prostitɪt]
prostituzione (f)	prostitusie	[prostitusi]
magnaccia (m)	pooier	[pojer]
drogato (m)	dwelmslaaf	[dwɛlm·slãf]
trafficante (m) di droga	dwelmhandelaar	[dwɛlm·handəlãr]
far esplodere	opblaas	[opblãs]
esplosione (f)	ontploffing	[ontploffiŋ]
incendiare (vt)	aan die brand steek	[ãn di brant steek]
incendiario (m)	brandstigter	[brant·stiχtər]
terrorismo (m)	terrorisme	[terrorismə]
terrorista (m)	terroris	[terroris]
ostaggio (m)	gyselaar	[χajsəlãr]
imbrogliare (vt)	bedrieg	[bedrəχ]
imbroglio (m)	bedrog	[bedroχ]
imbroglione (m)	bedrieër	[bedriɛr]
corrompere (vt)	omkoop	[omkoəp]
corruzione (f)	omkopery	[omkoperaj]
bustarella (f)	omkoopgeld	[omkoəp·χɛlt]
veleno (m)	gif	[χif]
avvelenare (vt)	vergiftig	[ferχiftəχ]
avvelenarsi (vr)	jouself vergiftig	[jæusɛlf ferχiftəχ]
suicidio (m)	selfmoord	[sɛlfmoərt]
suicida (m)	selfmoordenaar	[sɛlfmoərdenãr]
minacciare (vt)	dreig	[dræjχ]
minaccia (f)	dreigement	[dræjχement]

attentato (m)	aanslag	[ãŋslaχ]
rubare (~ una macchina)	steel	[steəl]
dirottare (~ un aereo)	kaap	[kãp]
vendetta (f)	wraak	[vrãk]
vendicare (vt)	wreek	[vreək]
torturare (vt)	martel	[martəl]
tortura (f)	marteling	[martəliŋ]
maltrattare (vt)	folter	[foltər]
pirata (m)	piraat, seerower	[pirãt], [see·rovər]
teppista (m)	skollie	[skolli]
armato (agg)	gewapen	[χevapen]
violenza (f)	geweld	[χevɛlt]
illegale (agg)	onwettig	[onwɛttəχ]
spionaggio (m)	spioenasie	[spiunasi]
spiare (vi)	spioeneer	[spiuneər]

120. Polizia. Legge. Parte 1

giustizia (f)	justisie	[jəstisi]
tribunale (m)	geregshof	[χereχshof]
giudice (m)	regter	[reχtər]
giurati (m)	jurielede	[juriledə]
processo (m) con giuria	jurieregspraak	[juri·reχsprãk]
giudicare (vt)	bereg	[bereχ]
avvocato (m)	advokaat	[adfokãt]
imputato (m)	beklaagde	[beklãχdə]
banco (m) degli imputati	beklaagdebank	[beklãχdə·bank]
accusa (f)	aanklag	[ãnklaχ]
accusato (m)	beskuldigde	[beskuldiχdə]
condanna (f)	vonnis	[fonnis]
condannare (vt)	veroordeel	[feroərdeəl]
colpevole (m)	skuldig	[skuldəχ]
punire (vt)	straf	[straf]
punizione (f)	straf	[straf]
multa (f), ammenda (f)	boete	[butə]
ergastolo (m)	lewenslange gevangenisstraf	[levɛŋslaŋə χefaŋənis·straf]
pena (f) di morte	doodstraf	[doədstraf]
sedia (f) elettrica	elektriese stoel	[ɛlektrisə stul]
impiccagione (f)	galg	[χalχ]
giustiziare (vt)	eksekuteer	[ɛksekuteər]
esecuzione (f)	eksekusie	[ɛksekusi]
prigione (f)	tronk	[tronk]

cella (f)	sel	[səl]
scorta (f)	eskort	[ɛskort]
guardia (f) carceraria	tronkbewaarder	[tronk·bevārdər]
prigioniero (m)	gevangene	[χefaŋənə]
manette (f pl)	handboeie	[hant·buje]
mettere le manette	in die boeie slaan	[in di buje slān]
fuga (f)	ontsnapping	[ontsnappiŋ]
fuggire (vi)	ontsnap	[ontsnap]
scomparire (vi)	verdwyn	[ferdwajn]
liberare (vt)	vrylaat	[frajlāt]
amnistia (f)	amnestie	[amnesti]
polizia (f)	polisie	[polisi]
poliziotto (m)	polisieman	[polisi·man]
commissariato (m)	polisiestasie	[polisi·stasi]
manganello (m)	knuppel	[knuppəl]
altoparlante (m)	megafoon	[meχafoən]
macchina (f) di pattuglia	patrolliemotor	[patrolli·motor]
sirena (f)	sirene	[sirenə]
mettere la sirena	die sirene aanskakel	[di sirenə āŋskakəl]
suono (m) della sirena	sirenegeloei	[sirenə·χelui]
luogo (m) del crimine	misdaadtoneel	[misdād·toneəl]
testimone (m)	getuie	[χetœiə]
libertà (f)	vryheid	[frajhæjt]
complice (m)	medepligtige	[medə·pliχtiχə]
fuggire (vi)	ontvlug	[ontfluχ]
traccia (f)	spoor	[spoər]

121. Polizia. Legge. Parte 2

ricerca (f) (~ di un criminale)	soektog	[suktoχ]
cercare (vt)	soek ...	[suk ...]
sospetto (m)	verdenking	[ferdɛnkiŋ]
sospetto (agg)	verdag	[ferdaχ]
fermare (vt)	teëhou	[teɛhæʊ]
arrestare (qn)	aanhou	[ānhæʊ]
causa (f)	hofsaak	[hofsāk]
inchiesta (f)	ondersoek	[ondərsuk]
detective (m)	speurder	[spøərdər]
investigatore (m)	speurder	[spøərdər]
versione (f)	hipotese	[hipotesə]
movente (m)	motief	[motif]
interrogatorio (m)	ondervraging	[ondərfraχiŋ]
interrogare (sospetto)	ondervra	[ondərfra]
interrogare (vicini)	verhoor	[ferhoər]
controllo (m) (~ di polizia)	kontroleer	[kontroleər]
retata (f)	klopjag	[klopjaχ]
perquisizione (f)	huissoeking	[hœis·sukiŋ]

inseguimento (m)	agtervolging	[aχtərfolχiŋ]
inseguire (vt)	agtervolg	[aχtərfolχ]
essere sulle tracce	opspoor	[opspoər]
arresto (m)	inhegtenisneming	[inheχtenis·nemiŋ]
arrestare (qn)	arresteer	[arresteər]
catturare (~ un ladro)	vang	[faŋ]
cattura (f)	opsporing	[opsporiŋ]
documento (m)	dokument	[dokument]
prova (f), reperto (m)	bewys	[bevajs]
provare (vt)	bewys	[bevajs]
impronta (f) del piede	voetspoor	[futspoər]
impronte (f pl) digitali	vingerafdrukke	[fiŋər·afdrukkə]
elemento (m) di prova	bewysstuk	[bevajs·stuk]
alibi (m)	alibi	[alibi]
innocente (agg)	onskuldig	[ɔŋskuldəχ]
ingiustizia (f)	onreg	[onreχ]
ingiusto (agg)	onregverdig	[onreχferdəχ]
criminale (agg)	krimineel	[krimineəl]
confiscare (vt)	in beslag neem	[in beslaχ neəm]
droga (f)	dwelm	[dwɛlm]
armi (f pl)	wapen	[vapen]
disarmare (vt)	ontwapen	[ontvapen]
ordinare (vt)	beveel	[befeəl]
sparire (vi)	verdwyn	[ferdwajn]
legge (f)	wet	[vet]
legale (agg)	wettig	[vɛttəχ]
illegale (agg)	onwettig	[onwɛttəχ]
responsabilità (f)	verantwoordelikheid	[ferant·voərdelikhæjt]
responsabile (agg)	verantwoordelik	[ferant·voərdelik]

LA NATURA

La Terra. Parte 1

122. L'Universo

cosmo (m)	kosmos	[kosmos]
cosmico, spaziale (agg)	kosmies	[kosmis]
spazio (m) cosmico	buitenste ruimte	[bœitɛŋstə rajmtə]
mondo (m)	wêreld	[værɛlt]
universo (m)	heelal	[heəlal]
galassia (f)	sterrestelsel	[sterrə·stɛlsəl]
stella (f)	ster	[ster]
costellazione (f)	sterrebeeld	[sterrə·beəlt]
pianeta (m)	planeet	[planeət]
satellite (m)	satelliet	[satɛllit]
meteorite (m)	meteoriet	[meteorit]
cometa (f)	komeet	[komeət]
asteroide (m)	asteroïed	[asteroïət]
orbita (f)	baan	[bãn]
ruotare (vi)	draai	[drãi]
atmosfera (f)	atmosfeer	[atmosfeər]
il Sole	die Son	[di son]
sistema (m) solare	sonnestelsel	[sonnə·stɛlsəl]
eclisse (f) solare	sonsverduistering	[sɔŋs·ferdœisteriŋ]
la Terra	die Aarde	[di ãrdə]
la Luna	die Maan	[di mãn]
Marte (m)	Mars	[mars]
Venere (f)	Venus	[fenus]
Giove (m)	Jupiter	[jupitər]
Saturno (m)	Saturnus	[saturnus]
Mercurio (m)	Mercurius	[merkurius]
Urano (m)	Uranus	[uranus]
Nettuno (m)	Neptunus	[neptunus]
Plutone (m)	Pluto	[pluto]
Via (f) Lattea	Melkweg	[melk·weχ]
Orsa (f) Maggiore	Groot Beer	[χroət beər]
Stella (f) Polare	Poolster	[poəl·stər]
marziano (m)	marsbewoner	[mars·bevonər]
extraterrestre (m)	buiteaardse wese	[bœitə·ãrdsə vesə]

alieno (m)	ruimtewese	[rœimtə·vesə]
disco (m) volante	vlieënde skottel	[fliɛndə skottəl]
nave (f) spaziale	ruimteskip	[rœimtə·skip]
stazione (f) spaziale	ruimtestasie	[rœimtə·stasi]
lancio (m)	vertrek	[fertrek]
motore (m)	enjin	[ɛndʒin]
ugello (m)	uitlaatpyp	[œitlãt·pajp]
combustibile (m)	brandstof	[brantstof]
cabina (f) di pilotaggio	stuurkajuit	[stɪr·kajœit]
antenna (f)	lugdraad	[luχdrãt]
oblò (m)	patryspoort	[patrajs·poərt]
batteria (f) solare	sonpaneel	[son·paneəl]
scafandro (m)	ruimtepak	[rœimtə·pak]
imponderabilità (f)	gewigloosheid	[χeviχloəshæjt]
ossigeno (m)	suurstof	[sɪrstof]
aggancio (m)	koppeling	[koppeliŋ]
agganciarsi (vr)	koppel	[koppəl]
osservatorio (m)	observatorium	[observatorium]
telescopio (m)	teleskoop	[teleskoəp]
osservare (vt)	waarneem	[vãrneəm]
esplorare (vt)	eksploreer	[ɛksploreər]

123. La Terra

la Terra	die Aarde	[di ãrdə]
globo (m) terrestre	die aardbol	[di ãrdbol]
pianeta (m)	planeet	[planeət]
atmosfera (f)	atmosfeer	[atmosfeər]
geografia (f)	geografie	[χeoχrafi]
natura (f)	natuur	[natɪr]
mappamondo (m)	aardbol	[ãrd·bol]
carta (f) geografica	kaart	[kãrt]
atlante (m)	atlas	[atlas]
Europa (f)	Europa	[øəropa]
Asia (f)	Asië	[asiɛ]
Africa (f)	Afrika	[afrika]
Australia (f)	Australië	[ɔustraliɛ]
America (f)	Amerika	[amerika]
America (f) del Nord	Noord-Amerika	[noərd-amerika]
America (f) del Sud	Suid-Amerika	[sœid-amerika]
Antartide (f)	Suidpool	[sœid·poəl]
Artico (m)	Noordpool	[noərd·poəl]

124. Punti cardinali

nord (m)	noorde	[noərdə]
a nord	na die noorde	[na di noərdə]
al nord	in die noorde	[in di noərdə]
del nord (agg)	noordelik	[noərdəlik]
sud (m)	suide	[sœidə]
a sud	na die suide	[na di sœidə]
al sud	in die suide	[in di sœidə]
del sud (agg)	suidelik	[sœidəlik]
ovest (m)	weste	[vestə]
a ovest	na die weste	[na di vestə]
all'ovest	in die weste	[in di vestə]
dell'ovest, occidentale	westelik	[vestelik]
est (m)	ooste	[oəstə]
a est	na die ooste	[na di oəstə]
all'est	in die ooste	[in di oəstə]
dell'est, orientale	oostelik	[oəstəlik]

125. Mare. Oceano

mare (m)	see	[seə]
oceano (m)	oseaan	[oseăn]
golfo (m)	golf	[χolf]
stretto (m)	straat	[străt]
terra (f) (terra firma)	land	[lant]
continente (m)	kontinent	[kontinent]
isola (f)	eiland	[æjlant]
penisola (f)	skiereiland	[skir·æjlant]
arcipelago (m)	argipel	[arχipəl]
baia (f)	baai	[băi]
porto (m)	hawe	[havə]
laguna (f)	strandmeer	[strand·meər]
capo (m)	kaap	[kăp]
atollo (m)	atol	[atol]
scogliera (f)	rif	[rif]
corallo (m)	koraal	[korăl]
barriera (f) corallina	koraalrif	[korăl·rif]
profondo (agg)	diep	[dip]
profondità (f)	diepte	[diptə]
abisso (m)	afgrond	[afχront]
fossa (f) (~ delle Marianne)	trog	[troχ]
corrente (f)	stroming	[stromiŋ]
circondare (vt)	omring	[omriŋ]

| litorale (m) | oewer | [uvər] |
| costa (f) | kus | [kus] |

alta marea (f)	hoogwater	[hoəχ·vatər]
bassa marea (f)	laagwater	[lāχ·vatər]
banco (m) di sabbia	sandbank	[sand·bank]
fondo (m)	bodem	[bodem]

onda (f)	golf	[χolf]
cresta (f) dell'onda	kruin	[krœin]
schiuma (f)	skuim	[skœim]

tempesta (f)	storm	[storm]
uragano (m)	orkaan	[orkān]
tsunami (m)	tsunami	[tsunami]
bonaccia (f)	windstilte	[vindstiltə]
tranquillo (agg)	kalm	[kalm]

| polo (m) | pool | [poəl] |
| polare (agg) | polêr | [polær] |

latitudine (f)	breedtegraad	[breədtə·χrāt]
longitudine (f)	lengtegraad	[leŋtə·χrāt]
parallelo (m)	parallel	[parallel]
equatore (m)	ewenaar	[ɛvenār]

cielo (m)	hemel	[heməl]
orizzonte (m)	horison	[horison]
aria (f)	lug	[luχ]

faro (m)	vuurtoring	[fɪrtoriŋ]
tuffarsi (vr)	duik	[dœik]
affondare (andare a fondo)	sink	[sink]
tesori (m)	skatte	[skattə]

126. Nomi dei mari e degli oceani

Oceano (m) Atlantico	Atlantiese oseaan	[atlantisə oseān]
Oceano (m) Indiano	Indiese Oseaan	[indisə oseān]
Oceano (m) Pacifico	Stille Oseaan	[stillə oseān]
mar (m) Glaciale Artico	Noordelike Yssee	[noərdelikə ajs·seə]

mar (m) Nero	Swart See	[swart seə]
mar (m) Rosso	Rooi See	[roj seə]
mar (m) Giallo	Geel See	[χeəl seə]
mar (m) Bianco	Witsee	[vit·seə]

mar (m) Caspio	Kaspiese See	[kaspisə seə]
mar (m) Morto	Dooie See	[dojə seə]
mar (m) Mediterraneo	Middellandse See	[middəllandsə seə]

mar (m) Egeo	Egeïese See	[ɛχejesə seə]
mar (m) Adriatico	Adriatiese See	[adriatisə seə]
mar (m) Arabico	Arabiese See	[arabisə seə]

Italiano	Afrikaans	Pronuncia
mar (m) del Giappone	Japanse See	[japaŋsə see]
mare (m) di Bering	Beringsee	[beriŋ·see]
mar (m) Cinese meridionale	Suid-Sjinese See	[sœid-ʃinesə see]
mar (m) dei Coralli	Koraalsee	[korăl·see]
mar (m) di Tasman	Tasmansee	[tasmaŋ·see]
mar (m) dei Caraibi	Karibiese See	[karibisə see]
mare (m) di Barents	Barentssee	[barents·see]
mare (m) di Kara	Karasee	[kara·see]
mare (m) del Nord	Noordsee	[noərd·see]
mar (m) Baltico	Baltiese See	[baltisə see]
mare (m) di Norvegia	Noorse See	[noərsə see]

127. Montagne

Italiano	Afrikaans	Pronuncia
monte (m), montagna (f)	berg	[berχ]
catena (f) montuosa	bergreeks	[berχ·reəks]
crinale (m)	bergrug	[berχ·ruχ]
cima (f)	top	[top]
picco (m)	piek	[pik]
piedi (m pl)	voet	[fut]
pendio (m)	helling	[hɛlliŋ]
vulcano (m)	vulkaan	[fulkăn]
vulcano (m) attivo	aktiewe vulkaan	[aktivə fulkăn]
vulcano (m) inattivo	rustende vulkaan	[rustəndə fulkăn]
eruzione (f)	uitbarsting	[œitbarstiŋ]
cratere (m)	krater	[kratər]
magma (m)	magma	[maχma]
lava (f)	lawa	[lava]
fuso (lava ~a)	gloeiende	[χlujendə]
canyon (m)	diepkloof	[dip·kloəf]
gola (f)	kloof	[kloəf]
crepaccio (m)	skeur	[skøər]
precipizio (m)	afgrond	[afχront]
passo (m), valico (m)	bergpas	[berχ·pas]
altopiano (m)	plato	[plato]
falesia (f)	krans	[kraŋs]
collina (f)	kop	[kop]
ghiacciaio (m)	gletser	[χletsər]
cascata (f)	waterval	[vatər·fal]
geyser (m)	geiser	[χæjsər]
lago (m)	meer	[meər]
pianura (f)	vlakte	[flaktə]
paesaggio (m)	landskap	[landskap]
eco (f)	eggo	[ɛχχo]

alpinista (m)	alpinis	[alpinis]
scalatore (m)	bergklimmer	[berχ·klimmər]
conquistare (~ una cima)	baasraak	[bāsrāk]
scalata (f)	beklimming	[beklimmiŋ]

128. Nomi delle montagne

Alpi (f pl)	die Alpe	[di alpə]
Monte (m) Bianco	Mont Blanc	[mon blan]
Pirenei (m pl)	die Pireneë	[di pireneɛ]

Carpazi (m pl)	die Karpate	[di karpatə]
gli Urali (m pl)	die Oeralgebergte	[di ural·χəberχtə]
Caucaso (m)	die Koukasus Gebergte	[di kæʊkasus χəberχtə]
Monte (m) Elbrus	Elbroes	[ɛlbrus]

Monti (m pl) Altai	die Altai-gebergte	[di altaj-χəberχtə]
Tien Shan (m)	die Tian Shan	[di tian ʃan]
Pamir (m)	die Pamir	[di pamir]
Himalaia (m)	die Himalajas	[di himalajas]
Everest (m)	Everest	[ɛverest]

| Ande (f pl) | die Andes | [di andes] |
| Kilimangiaro (m) | Kilimanjaro | [kilimandʒaro] |

129. Fiumi

fiume (m)	rivier	[rifir]
fonte (f) (sorgente)	bron	[bron]
letto (m) (~ del fiume)	rivierbed	[rifir·bet]
bacino (m)	stroomgebied	[stroəm·χebit]
sfociare nel ...	uitmond in ...	[œitmont in ...]

| affluente (m) | syrivier | [saj·rifir] |
| riva (f) | oewer | [uvər] |

corrente (f)	stroming	[stromiŋ]
a valle	stroomafwaarts	[stroəm·afvãrts]
a monte	stroomopwaarts	[stroəm·opvãrts]

inondazione (f)	oorstroming	[oərstromiŋ]
piena (f)	oorstroming	[oərstromiŋ]
straripare (vi)	oor sy walle loop	[oər saj vallə loəp]
inondare (vt)	oorstroom	[oərstroəm]

| secca (f) | sandbank | [sand·bank] |
| rapida (f) | stroomversnellings | [stroəm·fersnɛlliŋs] |

diga (f)	damwal	[dam·wal]
canale (m)	kanaal	[kanãl]
bacino (m) di riserva	opgaardam	[opχãr·dam]
chiusa (f)	sluis	[slœis]

specchio (m) d'acqua	dam	[dam]
palude (f)	moeras	[muras]
pantano (m)	vlei	[flæj]
vortice (m)	draaikolk	[drāj·kolk]
ruscello (m)	spruit	[sprœit]
potabile (agg)	drink-	[drink-]
dolce (di acqua ~)	vars	[fars]
ghiaccio (m)	ys	[ajs]
ghiacciarsi (vr)	bevries	[befris]

130. Nomi dei fiumi

Senna (f)	Seine	[sæjn]
Loira (f)	Loire	[lua:r]
Tamigi (m)	Teems	[tems]
Reno (m)	Ryn	[rajn]
Danubio (m)	Donau	[donɔu]
Volga (m)	Wolga	[volga]
Don (m)	Don	[don]
Lena (f)	Lena	[lena]
Fiume (m) Giallo	Geel Rivier	[χeəl rifir]
Fiume (m) Azzurro	Blou Rivier	[blæʊ rifir]
Mekong (m)	Mekong	[mekoŋ]
Gange (m)	Ganges	[χaŋəs]
Nilo (m)	Nyl	[najl]
Congo (m)	Kongorivier	[kongo·rifir]
Okavango	Okavango	[okavango]
Zambesi (m)	Zambezi	[sambesi]
Limpopo (m)	Limpopo	[limpopo]
Mississippi (m)	Mississippi	[mississippi]

131. Foresta

foresta (f)	bos	[bos]
forestale (agg)	bos-	[bos-]
foresta (f) fitta	woud	[væʊt]
boschetto (m)	boord	[boərt]
radura (f)	oopte	[oəptə]
roveto (m)	struikgewas	[strœik·χevas]
boscaglia (f)	struikveld	[strœik·fɛlt]
sentiero (m)	paadjie	[pādʒi]
calanco (m)	donga	[donχa]
albero (m)	boom	[boəm]

foglia (f)	blaar	[blɑ̄r]
fogliame (m)	blare	[blarə]
caduta (f) delle foglie	val van die blare	[fal fan di blarə]
cadere (vi)	val	[fal]
cima (f)	boomtop	[boəm·top]
ramo (m), ramoscello (m)	tak	[tak]
ramo (m)	tak	[tak]
gemma (f)	knop	[knop]
ago (m)	naald	[nɑ̄lt]
pigna (f)	dennebol	[dɛnnə·bol]
cavità (f)	holte	[holtə]
nido (m)	nes	[nes]
tana (f) (del fox, ecc.)	gat	[χat]
tronco (m)	stam	[stam]
radice (f)	wortel	[vortəl]
corteccia (f)	bas	[bas]
musco (m)	mos	[mos]
sradicare (vt)	ontwortel	[ontwortəl]
abbattere (~ un albero)	omkap	[omkap]
disboscare (vt)	ontbos	[ontbos]
ceppo (m)	boomstomp	[boəm·stomp]
falò (m)	kampvuur	[kampfɪr]
incendio (m) boschivo	bosbrand	[bos·brant]
spegnere (vt)	blus	[blus]
guardia (f) forestale	boswagter	[bos·waχtər]
protezione (f)	beskerming	[beskermiŋ]
proteggere (~ la natura)	beskerm	[beskerm]
bracconiere (m)	wildstroper	[vilt·stropər]
tagliola (f) (~ per orsi)	slagyster	[slaχ·ajstər]
raccogliere (~ i funghi)	pluk	[pluk]
cogliere (~ le fragole)	pluk	[pluk]
perdersi (vr)	verdwaal	[ferdwɑ̄l]

132. Risorse naturali

risorse (f pl) naturali	natuurlike bronne	[natɪrlikə bronnə]
minerali (m pl)	minerale	[mineralə]
deposito (m) (~ di carbone)	lae	[laə]
giacimento (m) (~ petrolifero)	veld	[fɛlt]
estrarre (vt)	myn	[majn]
estrazione (f)	myn	[majn]
minerale (m) grezzo	erts	[ɛrts]
miniera (f)	myn	[majn]
pozzo (m) di miniera	mynskag	[majn·skaχ]
minatore (m)	mynwerker	[majn·werkər]

gas (m)	gas	[χas]
gasdotto (m)	gaspyp	[χas·pajp]
petrolio (m)	olie	[oli]
oleodotto (m)	olipypleiding	[oli·pajp·læjdiŋ]
torre (f) di estrazione	oliebron	[oli·bron]
torre (f) di trivellazione	boortoring	[boər·toriŋ]
petroliera (f)	tenkskip	[tɛnk·skip]
sabbia (f)	sand	[sant]
calcare (m)	kalksteen	[kalksteən]
ghiaia (f)	gruis	[χrœis]
torba (f)	veengrond	[feənχront]
argilla (f)	klei	[klæj]
carbone (m)	steenkool	[steən·koəl]
ferro (m)	yster	[ajstər]
oro (m)	goud	[χæʊt]
argento (m)	silwer	[silwər]
nichel (m)	nikkel	[nikkəl]
rame (m)	koper	[kopər]
zinco (m)	sink	[sink]
manganese (m)	mangaan	[manχãn]
mercurio (m)	kwik	[kwik]
piombo (m)	lood	[loət]
minerale (m)	mineraal	[minerãl]
cristallo (m)	kristal	[kristal]
marmo (m)	marmer	[marmər]
uranio (m)	uraan	[urãn]

La Terra. Parte 2

133. Tempo

tempo (m)	weer	[veər]
previsione (f) del tempo	weersvoorspelling	[veərs·foərspɛlliŋ]
temperatura (f)	temperatuur	[temperatɪr]
termometro (m)	termometer	[termometər]
barometro (m)	barometer	[barometər]
umido (agg)	klam	[klam]
umidità (f)	vogtigheid	[foχtiχæjt]
caldo (m), afa (f)	hitte	[hittə]
molto caldo (agg)	heet	[heət]
fa molto caldo	dis vrekwarm	[dis frekvarm]
fa caldo	dit is warm	[dit is varm]
caldo, mite (agg)	louwarm	[læʊvarm]
fa freddo	dis koud	[dis kæʊt]
freddo (agg)	koud	[kæʊt]
sole (m)	son	[son]
splendere (vi)	skyn	[skajn]
di sole (una giornata ~)	sonnig	[sonnəχ]
sorgere, levarsi (vr)	opkom	[opkom]
tramontare (vi)	ondergaan	[ondərχān]
nuvola (f)	wolk	[volk]
nuvoloso (agg)	bewolk	[bevolk]
nube (f) di pioggia	reënwolk	[reɛn·wolk]
nuvoloso (agg)	somber	[sombər]
pioggia (f)	reën	[reɛn]
piove	dit reën	[dit reɛn]
piovoso (agg)	reënerig	[reɛnerəχ]
piovigginare (vi)	motreën	[motreɛn]
pioggia (f) torrenziale	stortbui	[stortbœi]
acquazzone (m)	reënvlaag	[reɛn·flāχ]
forte (una ~ pioggia)	swaar	[swār]
pozzanghera (f)	poeletjie	[puləki]
bagnarsi (~ sotto la pioggia)	nat word	[nat vort]
foschia (f), nebbia (f)	mis	[mis]
nebbioso (agg)	mistig	[mistəχ]
neve (f)	sneeu	[sniʊ]
nevica	dit sneeu	[dit sniʊ]

134. Rigide condizioni metereologiche. Disastri naturali

temporale (m)	donderstorm	[dondər·storm]
fulmine (f)	weerlig	[veərləχ]
lampeggiare (vi)	flits	[flits]
tuono (m)	donder	[dondər]
tuonare (vi)	donder	[dondər]
tuona	dit donder	[dit dondər]
grandine (f)	hael	[haəl]
grandina	dit hael	[dit haəl]
inondare (vt)	oorstroom	[oərstroəm]
inondazione (f)	oorstroming	[oərstromiŋ]
terremoto (m)	aardbewing	[ārd·beviŋ]
scossa (f)	aardskok	[ārd·skok]
epicentro (m)	episentrum	[ɛpisentrum]
eruzione (f)	uitbarsting	[œitbarstiŋ]
lava (f)	lawa	[lava]
tromba (f), tornado (m)	tornado	[tornado]
tifone (m)	tifoon	[tifoən]
uragano (m)	orkaan	[orkān]
tempesta (f)	storm	[storm]
tsunami (m)	tsunami	[tsunami]
ciclone (m)	sikloon	[sikloən]
maltempo (m)	slegte weer	[sleχtə veər]
incendio (m)	brand	[brant]
disastro (m)	ramp	[ramp]
meteorite (m)	meteoriet	[meteorit]
valanga (f)	lawine	[lavinə]
slavina (f)	sneeulawine	[sniʊ·lavinə]
tempesta (f) di neve	sneeustorm	[sniʊ·storm]
bufera (f) di neve	sneeustorm	[sniʊ·storm]

Fauna

135. Mammiferi. Predatori

predatore (m)	roofdier	[roəf·dir]
tigre (f)	tier	[tir]
leone (m)	leeu	[liʊ]
lupo (m)	wolf	[volf]
volpe (f)	vos	[fos]
giaguaro (m)	jaguar	[jaχuar]
leopardo (m)	luiperd	[lœipert]
ghepardo (m)	jagluiperd	[jaχ·lœipert]
pantera (f)	swart luiperd	[swart lœipert]
puma (f)	poema	[puma]
leopardo (m) delle nevi	sneeuluiperd	[sniʊ·lœipert]
lince (f)	los	[los]
coyote (m)	prêriewolf	[præri·volf]
sciacallo (m)	jakkals	[jakkals]
iena (f)	hiëna	[hiɛna]

136. Animali selvatici

animale (m)	dier	[dir]
bestia (f)	beest	[beəst]
scoiattolo (m)	eekhoring	[eəkhoriŋ]
riccio (m)	krimpvarkie	[krimpfarki]
lepre (f)	hasie	[hasi]
coniglio (m)	konyn	[konajn]
tasso (m)	das	[das]
procione (f)	wasbeer	[vasbeər]
criceto (m)	hamster	[hamstər]
marmotta (f)	marmot	[marmot]
talpa (f)	mol	[mol]
topo (m)	muis	[mœis]
ratto (m)	rot	[rot]
pipistrello (m)	vlermuis	[fler·mœis]
ermellino (m)	hermelyn	[hermǝlajn]
zibellino (m)	sabel, sabeldier	[sabǝl], [sabǝl·dir]
martora (f)	marter	[martǝr]
donnola (f)	wesel	[vesǝl]
visone (m)	nerts	[nerts]

Italiano	Afrikaans	Pronuncia
castoro (m)	bewer	[bevər]
lontra (f)	otter	[ottər]
cavallo (m)	perd	[pert]
alce (m)	eland	[ɛlant]
cervo (m)	hert	[hert]
cammello (m)	kameel	[kameəl]
bisonte (m) americano	bison	[bison]
bisonte (m) europeo	wisent	[visent]
bufalo (m)	buffel	[buffəl]
zebra (f)	sebra, kwagga	[sebra], [kwaχχa]
antilope (f)	wildsbok	[vilds·bok]
capriolo (m)	reebok	[reəbok]
daino (m)	damhert	[damhert]
camoscio (m)	gems	[χems]
cinghiale (m)	wildevark	[vildə·fark]
balena (f)	walvis	[valfis]
foca (f)	seehond	[seə·hont]
tricheco (m)	walrus	[valrus]
otaria (f)	seebeer	[seə·beər]
delfino (m)	dolfyn	[dolfajn]
orso (m)	beer	[beər]
orso (m) bianco	ysbeer	[ajs·beər]
panda (m)	panda	[panda]
scimmia (f)	aap	[āp]
scimpanzè (m)	sjimpansee	[ʃimpaŋseə]
orango (m)	orangoetang	[oranχutaŋ]
gorilla (m)	gorilla	[χorilla]
macaco (m)	makaak	[makāk]
gibbone (m)	gibbon	[χibbon]
elefante (m)	olifant	[olifant]
rinoceronte (m)	renoster	[renostər]
giraffa (f)	kameelperd	[kameəl·pert]
ippopotamo (m)	seekoei	[seə·kui]
canguro (m)	kangaroe	[kanχaru]
koala (m)	koala	[koala]
mangusta (f)	muishond	[mœis·hont]
cincillà (f)	chinchilla, tjintjilla	[tʃin·tʃila]
moffetta (f)	stinkmuishond	[stinkmœis·hont]
istrice (m)	ystervark	[ajstər·fark]

137. Animali domestici

Italiano	Afrikaans	Pronuncia
gatta (f)	kat	[kat]
gatto (m)	kater	[katər]
cane (m)	hond	[hont]

cavallo (m)	perd	[pert]
stallone (m)	hings	[hiŋs]
giumenta (f)	merrie	[merri]
mucca (f)	koei	[kui]
toro (m)	bul	[bul]
bue (m)	os	[os]
pecora (f)	skaap	[skãp]
montone (m)	ram	[ram]
capra (f)	bok	[bok]
caprone (m)	bokram	[bok·ram]
asino (m)	donkie, esel	[donki], [eisəl]
mulo (m)	muil	[mœil]
porco (m)	vark	[fark]
porcellino (m)	varkie	[farki]
coniglio (m)	konyn	[konajn]
gallina (f)	hoender, hen	[hundər], [hen]
gallo (m)	haan	[hãn]
anatra (f)	eend	[eent]
maschio (m) dell'anatra	mannetjieseend	[mannəkis·eent]
oca (f)	gans	[χaŋs]
tacchino (m)	kalkoenmannetjie	[kalkun·mannəki]
tacchina (f)	kalkoen	[kalkun]
animali (m pl) domestici	huisdiere	[hœis·dirə]
addomesticato (agg)	mak	[mak]
addomesticare (vt)	mak maak	[mak mãk]
allevare (vt)	teel	[teəl]
fattoria (f)	plaas	[plãs]
pollame (m)	pluimvee	[plœimfeə]
bestiame (m)	beeste	[beəstə]
branco (m), mandria (f)	kudde	[kuddə]
scuderia (f)	stal	[stal]
porcile (m)	varkstal	[fark·stal]
stalla (f)	koeistal	[kui·stal]
conigliera (f)	konynehok	[konajnə·hok]
pollaio (m)	hoenderhok	[hundər·hok]

138. Uccelli

uccello (m)	voël	[foɛl]
colombo (m), piccione (m)	duif	[dœif]
passero (m)	mossie	[mossi]
cincia (f)	mees	[meəs]
gazza (f)	ekster	[ɛkstər]
corvo (m)	raaf	[rãf]

Italiano	Afrikaans	Pronuncia
cornacchia (f)	kraai	[krãi]
taccola (f)	kerkkraai	[kerk·krãi]
corvo (m) nero	roek	[ruk]
anatra (f)	eend	[eent]
oca (f)	gans	[χaŋs]
fagiano (m)	fisant	[fisant]
aquila (f)	arend	[arɛnt]
astore (m)	sperwer	[sperwər]
falco (m)	valk	[falk]
grifone (m)	aasvoël	[ãsfoɛl]
condor (m)	kondor	[kondor]
cigno (m)	swaan	[swãn]
gru (f)	kraanvoël	[krãn·foɛl]
cicogna (f)	ooievaar	[ojefãr]
pappagallo (m)	papegaai	[papəχãi]
colibrì (m)	kolibrie	[kolibri]
pavone (m)	pou	[pæʊ]
struzzo (m)	volstruis	[folstrœis]
airone (m)	reier	[ræjer]
fenicottero (m)	flamink	[flamink]
pellicano (m)	pelikaan	[pelikãn]
usignolo (m)	nagtegaal	[naχteχãl]
rondine (f)	swael	[swaəl]
tordo (m)	lyster	[lajstər]
tordo (m) sasello	sanglyster	[saŋlajstər]
merlo (m)	merel	[merəl]
rondone (m)	windswael	[vindswaəl]
allodola (f)	lewerik	[leverik]
quaglia (f)	kwartel	[kwartəl]
picchio (m)	speg	[speχ]
cuculo (m)	koekoek	[kukuk]
civetta (f)	uil	[œil]
gufo (m) reale	ooruil	[oərœil]
urogallo (m)	auerhoen	[ɔuer·hun]
fagiano (m) di monte	korhoen	[korhun]
pernice (f)	patrys	[patrajs]
storno (m)	spreeu	[spriʊ]
canarino (m)	kanarie	[kanari]
francolino (m) di monte	bonasa hoen	[bonasa hun]
fringuello (m)	gryskoppie	[χrajskoppi]
ciuffolotto (m)	bloedvink	[bludfink]
gabbiano (m)	seemeeu	[seəmiʊ]
albatro (m)	albatros	[albatros]
pinguino (m)	pikkewyn	[pikkəvajn]

139. Pesci. Animali marini

abramide (f)	brasem	[brasem]
carpa (f)	karp	[karp]
perca (f)	baars	[bãrs]
pesce (m) gatto	katvis, seebaber	[katfis], [seə·babər]
luccio (m)	snoek	[snuk]
salmone (m)	salm	[salm]
storione (m)	steur	[støər]
aringa (f)	haring	[hariŋ]
salmone (m)	atlantiese salm	[atlantisə salm]
scombro (m)	makriel	[makril]
sogliola (f)	platvis	[platfis]
lucioperca (f)	varswatersnoek	[farswatər·snuk]
merluzzo (m)	kabeljou	[kabeljæʊ]
tonno (m)	tuna	[tuna]
trota (f)	forel	[forəl]
anguilla (f)	paling	[paliŋ]
torpedine (f)	drilvis	[drilfis]
murena (f)	bontpaling	[bontpaliŋ]
piranha (f)	piranha	[piranha]
squalo (m)	haai	[hãi]
delfino (m)	dolfyn	[dolfajn]
balena (f)	walvis	[valfis]
granchio (m)	krap	[krap]
medusa (f)	jellievis	[jelli·fis]
polpo (m)	seekat	[seə·kat]
stella (f) marina	seester	[seə·stər]
riccio (m) di mare	see-egel, seekastaiing	[seə-eχel], [seə·kastajiŋ]
cavalluccio (m) marino	seeperdjie	[seə·perdʒi]
ostrica (f)	oester	[ustər]
gamberetto (m)	garnaal	[χarnãl]
astice (m)	kreef	[kreəf]
aragosta (f)	seekreef	[seə·kreəf]

140. Anfibi. Rettili

serpente (m)	slang	[slaŋ]
velenoso (agg)	giftig	[χiftəχ]
vipera (f)	adder	[addər]
cobra (m)	kobra	[kobra]
pitone (m)	luislang	[lœislaŋ]
boa (m)	boa, konstriktorslang	[boa], [koŋstriktor·slaŋ]
biscia (f)	ringslang	[riŋ·slaŋ]

| serpente (m) a sonagli | ratelslang | [ratəl·slaŋ] |
| anaconda (f) | anakonda | [anakonda] |

lucertola (f)	akkedis	[akkedis]
iguana (f)	leguaan	[leχuãn]
varano (m)	likkewaan	[likkevãn]
salamandra (f)	salamander	[salamandər]
camaleonte (m)	verkleurmannetjie	[ferkløər·manneki]
scorpione (m)	skerpioen	[skerpiun]

tartaruga (f)	skilpad	[skilpat]
rana (f)	padda	[padda]
rospo (m)	brulpadda	[brul·padda]
coccodrillo (m)	krokodil	[krokodil]

141. Insetti

insetto (m)	insek	[insek]
farfalla (f)	skoenlapper	[skunlappər]
formica (f)	mier	[mir]
mosca (f)	vlieg	[fliχ]
zanzara (f)	muskiet	[muskit]
scarabeo (m)	kewer	[kevər]

vespa (f)	perdeby	[perdə·baj]
ape (f)	by	[baj]
bombo (m)	hommelby	[hommǝl·baj]
tafano (m)	perdevlieg	[perdǝ·fliχ]

| ragno (m) | spinnekop | [spinnǝ·kop] |
| ragnatela (f) | spinnerak | [spinnǝ·rak] |

libellula (f)	naaldekoker	[nãldǝ·kokǝr]
cavalletta (f)	sprinkaan	[sprinkãn]
farfalla (f) notturna	mot	[mot]

scarafaggio (m)	kakkerlak	[kakkerlak]
zecca (f)	bosluis	[boslœis]
pulce (f)	vlooi	[floj]
moscerino (m)	muggie	[muχχi]

locusta (f)	treksprinkhaan	[trek·sprinkhãn]
lumaca (f)	slak	[slak]
grillo (m)	kriek	[krik]
lucciola (f)	vuurvliegie	[fɪrfliχi]
coccinella (f)	lieweheersbesie	[liveheǝrs·besi]
maggiolino (m)	lentekewer	[lentekevǝr]

sanguisuga (f)	bloedsuier	[blud·sœiǝr]
bruco (m)	ruspe	[ruspǝ]
verme (m)	erdwurm	[ɛrd·vurm]
larva (f)	larwe	[larvǝ]

Flora

142. Alberi

albero (m)	boom	[boəm]
deciduo (agg)	bladwisselend	[bladwisselent]
conifero (agg)	kegeldraend	[keχɛldraent]
sempreverde (agg)	immergroen	[immərχrun]
melo (m)	appelboom	[appɛl·boəm]
pero (m)	peerboom	[peər·boəm]
ciliegio (m)	soetkersieboom	[sutkersi·boəm]
amareno (m)	suurkersieboom	[sɪrkersi·boəm]
prugno (m)	pruimeboom	[prœimə·boəm]
betulla (f)	berk	[berk]
quercia (f)	eik	[æjk]
tiglio (m)	lindeboom	[lində·boəm]
pioppo (m) tremolo	trilpopulier	[trilpopulir]
acero (m)	esdoring	[ɛsdoriŋ]
abete (m)	spar	[spar]
pino (m)	denneboom	[dɛnnə·boəm]
larice (m)	lorkeboom	[lorkə·boəm]
abete (m) bianco	den	[den]
cedro (m)	seder	[sedər]
pioppo (m)	populier	[populir]
sorbo (m)	lysterbessie	[lajstərbɛssi]
salice (m)	wilger	[vilχər]
alno (m)	els	[ɛls]
faggio (m)	beuk	[bøək]
olmo (m)	olm	[olm]
frassino (m)	esboom	[ɛs·boəm]
castagno (m)	kastaiing	[kastajiŋ]
magnolia (f)	magnolia	[maχnolia]
palma (f)	palm	[palm]
cipresso (m)	sipres	[sipres]
mangrovia (f)	wortelboom	[vortəl·boəm]
baobab (m)	kremetart	[kremetart]
eucalipto (m)	bloekom	[blukom]
sequoia (f)	mammoetboom	[mammut·boəm]

143. Arbusti

cespuglio (m)	struik	[strœik]
arbusto (m)	bossie	[bossi]

vite (f)	wingerdstok	[viŋərd·stok]
vigneto (m)	wingerd	[viŋərt]
lampone (m)	framboosstruik	[framboəs·strœik]
ribes (m) nero	swartbessiestruik	[swartbɛssi·strœik]
ribes (m) rosso	rooi aalbessiestruik	[roj ālbɛssi·strœik]
uva (f) spina	appelliefiestruik	[appɛllifi·strœik]
acacia (f)	akasia	[akasia]
crespino (m)	suurbessie	[sɪr·bɛssi]
gelsomino (m)	jasmyn	[jasmajn]
ginepro (m)	jenewer	[jenevər]
roseto (m)	roosstruik	[roəs·strœik]
rosa (f) canina	hondsroos	[honds·roəs]

144. Frutti. Bacche

frutto (m)	vrug	[fruχ]
frutti (m pl)	vrugte	[fruχtə]
mela (f)	appel	[appəl]
pera (f)	peer	[peər]
prugna (f)	pruim	[prœim]
fragola (f)	aarbei	[ārbæj]
amarena (f)	suurkersie	[sɪr·kersi]
ciliegia (f)	soetkersie	[sut·kersi]
uva (f)	druif	[drœif]
lampone (m)	framboos	[framboəs]
ribes (m) nero	swartbessie	[swartbɛssi]
ribes (m) rosso	rooi aalbessie	[roj ālbɛssi]
uva (f) spina	appelliefie	[appɛllifi]
mirtillo (m) di palude	bosbessie	[bosbɛssi]
arancia (f)	lemoen	[lemun]
mandarino (m)	nartjie	[narki]
ananas (m)	pynappel	[pajnappəl]
banana (f)	piesang	[pisaŋ]
dattero (m)	dadel	[dadəl]
limone (m)	suurlemoen	[sɪr·lemun]
albicocca (f)	appelkoos	[appɛlkoəs]
pesca (f)	perske	[perskə]
kiwi (m)	kiwi, kiwivrug	[kivi], [kivi·fruχ]
pompelmo (m)	pomelo	[pomelo]
bacca (f)	bessie	[bɛssi]
bacche (f pl)	bessies	[bɛssis]
mirtillo (m) rosso	pryselbessie	[prajsɛlbɛssi]
fragola (f) di bosco	wilde aarbei	[vildə ārbæj]
mirtillo (m)	bloubessie	[blæubɛssi]

145. Fiori. Piante

fiore (m)	blom	[blom]
mazzo (m) di fiori	boeket	[buket]
rosa (f)	roos	[roəs]
tulipano (m)	tulp	[tulp]
garofano (m)	angelier	[anχəlir]
gladiolo (m)	swaardlelie	[swãrd·leli]
fiordaliso (m)	koringblom	[koriŋblom]
campanella (f)	grasklokkie	[χras·klokki]
soffione (m)	perdeblom	[perde·blom]
camomilla (f)	kamille	[kamillə]
aloe (m)	aalwyn	[ãlwajn]
cactus (m)	kaktus	[kaktus]
ficus (m)	rubberplant	[rubbər·plant]
giglio (m)	lelie	[leli]
geranio (m)	malva	[malfa]
giacinto (m)	hiasint	[hiasint]
mimosa (f)	mimosa	[mimosa]
narciso (m)	narsing	[narsiŋ]
nasturzio (m)	kappertjie	[kapperki]
orchidea (f)	orgidee	[orχideə]
peonia (f)	pinksterroos	[pinkstər·roəs]
viola (f)	viooltjie	[fioəlki]
viola (f) del pensiero	gesiggie	[χesiχi]
nontiscordardimé (m)	vergeet-my-nietjie	[ferχeət-maj-niki]
margherita (f)	madeliefie	[madelifi]
papavero (m)	papawer	[papavər]
canapa (f)	hennep	[hɛnnəp]
menta (f)	kruisement	[krœisəment]
mughetto (m)	dallelie	[dalleli]
bucaneve (m)	sneeuklokkie	[sniʊ·klokki]
ortica (f)	brandnetel	[brant·netəl]
acetosa (f)	veldsuring	[fɛltsuriŋ]
ninfea (f)	waterlelie	[vatər·leli]
felce (f)	varing	[fariŋ]
lichene (m)	korsmos	[korsmos]
serra (f)	broeikas	[bruikas]
prato (m) erboso	grasperk	[χras·perk]
aiuola (f)	blombed	[blom·bet]
pianta (f)	plant	[plant]
erba (f)	gras	[χras]
filo (m) d'erba	grasspriet	[χras·sprit]

foglia (f)	blaar	[blãr]
petalo (m)	kroonblaar	[kroən·blãr]
stelo (m)	stingel	[stiŋəl]
tubero (m)	knol	[knol]

| germoglio (m) | saailing | [sãjliŋ] |
| spina (f) | doring | [doriŋ] |

fiorire (vi)	bloei	[blui]
appassire (vi)	verlep	[ferlep]
odore (m), profumo (m)	reuk	[røək]
tagliare (~ i fiori)	sny	[snaj]
cogliere (vt)	pluk	[pluk]

146. Cereali, granaglie

grano (m)	graan	[χrãn]
cereali (m pl)	graangewasse	[χrãn·χəwassə]
spiga (f)	aar	[ãr]

frumento (m)	koring	[koriŋ]
segale (f)	rog	[roχ]
avena (f)	hawer	[havər]
miglio (m)	gierst	[χirst]
orzo (m)	gars	[χars]

mais (m)	mielie	[mili]
riso (m)	rys	[rajs]
grano (m) saraceno	bokwiet	[bokwit]

pisello (m)	ertjie	[ɛrki]
fagiolo (m)	nierboon	[nir·boən]
soia (f)	soja	[soja]
lenticchie (f pl)	lensie	[lɛŋsi]
fave (f pl)	boontjies	[boənkis]

PAESI. NAZIONALITÀ

147. Europa occidentale

Italiano	Afrikaans	Pronuncia
Europa (f)	Europa	[øəropa]
Unione (f) Europea	Europese Unie	[øəropesə uni]
Austria (f)	Oostenryk	[oəstenrajk]
Gran Bretagna (f)	Groot-Brittanje	[xroət-brittanje]
Inghilterra (f)	Engeland	[ɛŋəlant]
Belgio (m)	België	[belχiɛ]
Germania (f)	Duitsland	[dœitslant]
Paesi Bassi (m pl)	Nederland	[nedərlant]
Olanda (f)	Holland	[hollant]
Grecia (f)	Griekeland	[xrikəlant]
Danimarca (f)	Denemarke	[denemarkə]
Irlanda (f)	Ierland	[irlant]
Islanda (f)	Ysland	[ajslant]
Spagna (f)	Spanje	[spanje]
Italia (f)	Italië	[italiɛ]
Cipro (m)	Ciprus	[siprus]
Malta (f)	Malta	[malta]
Norvegia (f)	Noorweë	[noərweɛ]
Portogallo (f)	Portugal	[portuχal]
Finlandia (f)	Finland	[finlant]
Francia (f)	Frankryk	[frankrajk]
Svezia (f)	Swede	[swedə]
Svizzera (f)	Switserland	[switsərlant]
Scozia (f)	Skotland	[skotlant]
Vaticano (m)	Vatikaan	[fatikān]
Liechtenstein (m)	Lichtenstein	[liχtɛŋstejn]
Lussemburgo (m)	Luksemburg	[luksemburχ]
Monaco (m)	Monako	[monako]

148. Europa centrale e orientale

Italiano	Afrikaans	Pronuncia
Albania (f)	Albanië	[albaniɛ]
Bulgaria (f)	Bulgarye	[bulχaraje]
Ungheria (f)	Hongarye	[honχaraje]
Lettonia (f)	Letland	[letlant]
Lituania (f)	Litoue	[litæʋə]
Polonia (f)	Pole	[polə]

Romania (f)	Roemenië	[rumeniɛ]
Serbia (f)	Serwië	[serwiɛ]
Slovacchia (f)	Slowakye	[slovakaje]
Croazia (f)	Kroasië	[kroasiɛ]
Repubblica (f) Ceca	Tjeggië	[tʃeχiɛ]
Estonia (f)	Estland	[ɛstlant]
Bosnia-Erzegovina (f)	Bosnië & Herzegowina	[bosniɛ en hersegovina]
Macedonia (f)	Masedonië	[masedoniɛ]
Slovenia (f)	Slovenië	[slofeniɛ]
Montenegro (m)	Montenegro	[montənegro]

149. Paesi dell'ex Unione Sovietica

Azerbaigian (m)	Azerbeidjan	[azerbæjdjan]
Armenia (f)	Armenië	[armeniɛ]
Bielorussia (f)	Belarus	[belarus]
Georgia (f)	Georgië	[χeorχiɛ]
Kazakistan (m)	Kazakstan	[kasakstan]
Kirghizistan (m)	Kirgisië	[kirχisiɛ]
Moldavia (f)	Moldawië	[moldaviɛ]
Russia (f)	Rusland	[ruslant]
Ucraina (f)	Oekraïne	[ukraïnə]
Tagikistan (m)	Tadjikistan	[tadʒikistan]
Turkmenistan (m)	Turkmenistan	[turkmenistan]
Uzbekistan (m)	Oezbekistan	[uzbekistan]

150. Asia

Asia (f)	Asië	[asiɛ]
Vietnam (m)	Viëtnam	[viɛtnam]
India (f)	Indië	[indiɛ]
Israele (m)	Israel	[israəl]
Cina (f)	Sjina	[ʃina]
Libano (m)	Libanon	[libanon]
Mongolia (f)	Mongolië	[monχoliɛ]
Malesia (f)	Maleisië	[malæjsiɛ]
Pakistan (m)	Pakistan	[pakistan]
Arabia Saudita (f)	Saoedi-Arabië	[saudi-arabiɛ]
Tailandia (f)	Thailand	[tajlant]
Taiwan (m)	Taiwan	[tajvan]
Turchia (f)	Turkye	[turkaje]
Giappone (m)	Japan	[japan]
Afghanistan (m)	Afghanistan	[afχanistan]
Bangladesh (m)	Bangladesj	[bangladeʃ]

| Indonesia (f) | Indonesië | [indonesiɛ] |
| Giordania (f) | Jordanië | [jordaniɛ] |

Iraq (m)	Irak	[irak]
Iran (m)	Iran	[iran]
Cambogia (f)	Kambodja	[kambodja]
Kuwait (m)	Kuwait	[kuvajt]

Laos (m)	Laos	[laos]
Birmania (f)	Myanmar	[mjanmar]
Nepal (m)	Nepal	[nepal]
Emirati (m pl) Arabi	Verenigde Arabiese Emirate	[ferenixdə arabisə emiratə]

| Siria (f) | Sirië | [siriɛ] |
| Palestina (f) | Palestina | [palestina] |

| Corea (f) del Sud | Suid-Korea | [sœid-korea] |
| Corea (f) del Nord | Noord-Korea | [noərd-korea] |

151. America del Nord

Stati (m pl) Uniti d'America	Verenigde State van Amerika	[ferenixdə statə fan amerika]
Canada (m)	Kanada	[kanada]
Messico (m)	Meksiko	[meksiko]

152. America centrale e America del Sud

Argentina (f)	Argentinië	[arxentiniɛ]
Brasile (m)	Brasilië	[brasiliɛ]
Colombia (f)	Colombia, Kolombië	[kolombia], [kolombiɛ]

| Cuba (f) | Kuba | [kuba] |
| Cile (m) | Chili | [tʃili] |

| Bolivia (f) | Bolivië | [boliviɛ] |
| Venezuela (f) | Venezuela | [fenesuela] |

| Paraguay (m) | Paraguay | [paragwaj] |
| Perù (m) | Peru | [peru] |

Suriname (m)	Suriname	[surinamə]
Uruguay (m)	Uruguay	[urugwaj]
Ecuador (m)	Ecuador	[ɛkuador]

| Le Bahamas | die Bahamas | [di bahamas] |
| Haiti (m) | Haïti | [haïti] |

Repubblica (f) Dominicana	Dominikaanse Republiek	[dominikãŋsə republik]
Panama (m)	Panama	[panama]
Giamaica (f)	Jamaika	[jamajka]

153. Africa

Egitto (m)	Egipte	[ɛχiptə]
Marocco (m)	Marokko	[marokko]
Tunisia (f)	Tunisië	[tunisiɛ]
Ghana (m)	Ghana	[χana]
Zanzibar	Zanzibar	[zanzibar]
Kenya (m)	Kenia	[kenia]
Libia (f)	Libië	[libiɛ]
Madagascar (m)	Madagaskar	[madaχaskar]
Namibia (f)	Namibië	[namibiɛ]
Senegal (m)	Senegal	[seneχal]
Tanzania (f)	Tanzanië	[tansaniɛ]
Repubblica (f) Sudafricana	Suid-Afrika	[sœid-afrika]

154. Australia. Oceania

Australia (f)	Australië	[ɔustraliɛ]
Nuova Zelanda (f)	Nieu-Seeland	[niu-seəlant]
Tasmania (f)	Tasmanië	[tasmaniɛ]
Polinesia (f) Francese	Frans-Polinesië	[franŋ-polinesiɛ]

155. Città

L'Aia	Den Haag	[den hãχ]
Amburgo	Hamburg	[hamburχ]
Amsterdam	Amsterdam	[amsterdam]
Ankara	Ankara	[ankara]
Atene	Athene	[atenə]
L'Avana	Havana	[havana]
Baghdad	Bagdad	[baχdat]
Bangkok	Bangkok	[baŋkok]
Barcellona	Barcelona	[barselona]
Beirut	Beiroet	[bæjrut]
Berlino	Berlyn	[berlæjn]
Bombay, Mumbai	Moembai	[mumbaj]
Bonn	Bonn	[bonn]
Bordeaux	Bordeaux	[bordo:]
Bratislava	Bratislava	[bratislava]
Bruxelles	Brussel	[brussəl]
Bucarest	Boekarest	[bukarest]
Budapest	Boedapest	[budapest]
Il Cairo	Cairo	[kajro]
Calcutta	Kalkutta	[kalkutta]
Chicago	Chicago	[ʃikago]

Città del Messico	**Meksiko Stad**	[meksiko stat]
Copenaghen	**Kopenhagen**	[kopənχagen]
Dar es Salaam	**Dar-es-Salaam**	[dar-es-salãm]
Delhi	**Delhi**	[deli]
Dubai	**Dubai**	[dubaj]
Dublino	**Dublin**	[dablin]
Düsseldorf	**Dusseldorf**	[dussɛldorf]
Firenze	**Florence**	[florɛŋs]
Francoforte	**Frankfurt**	[frankfurt]
Gerusalemme	**Jerusalem**	[jerusalem]
Ginevra	**Genève**	[dʒənɛ:v]
Hanoi	**Hanoi**	[hanoj]
Helsinki	**Helsinki**	[hɛlsinki]
Hiroshima	**Hiroshima**	[hiroʃima]
Hong Kong	**Hongkong**	[hoŋkoŋ]
Istanbul	**Istanbul**	[istanbul]
Kiev	**Kiëf**	[kiɛf]
Kuala Lumpur	**Kuala Lumpur**	[kuala lumpur]
Lione	**Lyon**	[lioŋ]
Lisbona	**Lissabon**	[lissabon]
Londra	**Londen**	[londen]
Los Angeles	**Los Angeles**	[los andʒəles]
Madrid	**Madrid**	[madrit]
Marsiglia	**Marseille**	[marsæj]
Miami	**Miami**	[majami]
Monaco di Baviera	**München**	[mønchen]
Montreal	**Montreal**	[montreal]
Mosca	**Moskou**	[moskæʊ]
Nairobi	**Nairobi**	[najrobi]
Napoli	**Napels**	[napɛls]
New York	**New York**	[nju jork]
Nizza	**Nice**	[nis]
Oslo	**Oslo**	[oslo]
Ottawa	**Ottawa**	[ottava]
Parigi	**Parys**	[parajs]
Pechino	**Beijing**	[bæjdʒiŋ]
Praga	**Praag**	[prãχ]
Rio de Janeiro	**Rio de Janeiro**	[rio də janæjro]
Roma	**Rome**	[romə]
San Pietroburgo	**Sint-Petersburg**	[sint-petersburg]
Seoul	**Seoel**	[seul]
Shanghai	**Shanghai**	[ʃangaj]
Sidney	**Sydney**	[sidni]
Singapore	**Singapore**	[singaporə]
Stoccolma	**Stockholm**	[stokχolm]
Taipei	**Taipei**	[tæjpæj]
Tokio	**Tokio**	[tokio]

Toronto	**Toronto**	[toronto]
Varsavia	**Warskou**	[varskæʊ]
Venezia	**Venesië**	[fenesiɛ]
Vienna	**Wene**	[venə]
Washington	**Washington**	[vaʃington]

www.ingramcontent.com/pod-product-compliance
Lightning Source LLC
Chambersburg PA
CBHW070600050426
42450CB00011B/2919